Das große Ideenbuch

SICHTSCHUTZ
HECKEN
MAUERN
ZÄUNE

IM GARTEN

Manuel Sauer

Das große Ideenbuch
Manuel Sauer

SICHTSCHUTZ IM GARTEN

HECKEN MAUERN ZÄUNE

Für Yvonne.

INHALT

Einleitung — 6

SICHTSCHUTZ MIT PFLANZEN — 8
Gräser, Sträucher, Hecken und Bäume

SICHTSCHUTZ MIT WÄNDEN — 38
Mauern und Zäune

SICHTSCHUTZ MIT TRANSLUZENTEN MATERIALIEN — 90
Glas und Kunststoffe

SICHTSCHUTZ MIT LICHTDESIGN — 112
Die Beleuchtung von Sichtschutzelementen

SICHTSCHUTZ MIT WASSER — 122
Die Verwendung von Wasserelementen am Sichtschutz

SICHTSCHUTZ MIT ZUSATZFUNKTIONEN — 136
Outdoor-Schränke, Raumteiler, Feuer und mehr

Anhang — 164

EINLEITUNG Planungsprojekte verlaufen auch bei Gartenanlagen gewöhnlich nicht einfach geradeaus, sondern springen immer wieder einmal etwas vor und zurück, bis sich ein geschlossenes Gestaltungsbild ergibt. Meist drehen sich die ersten Gespräche mit meinen Kunden zunächst um allgemeine Vorstellungen vom neuen Garten, in denen die Nutzungsschwerpunkte und der Gestaltungsstil Schritt für Schritt Kontur gewinnen. Doch dann wird es plötzlich komplexer. Denn bei den Überlegungen darüber, wie groß die Terrasse sein sollte oder wo ein Teich Platz hat, rückt eine weitere Frage schnell in den Mittelpunkt: Wie gestaltet sich eigentlich die Einfassung des Gartens? Dass dort meist ein Sichtschutz Sinn macht, liegt auf der Hand. Doch wie soll er nun aussehen und was passiert davor? Nun wird klar, dass der Sichtschutz als Gartenabschluss ein sogar sehr wichtiger Bestandteil des Gartenkonzepts ist, denn er wirkt als prägender Hintergrund des neuen Gartenraumes. Ist dieser Hintergrund nicht stimmig oder wurde er bei der Planung gar vernachlässigt, dürfte es jeder Gestaltungsidee davor schwer fallen, so zu wirken, wie es auf dem Papier gedacht war.

Und es gibt im Garten noch weitere Stellen, wo ein Sichtschutz oder auch ein Windschutz erforderlich ist, damit Behaglichkeit und Geborgenheit den Bereich attraktiv werden lassen. Viele Lösungen sind vorstellbar, doch welches Design passt nun konkret zu Ihnen persönlich und Ihrem Garten?

Das vorliegende Buch soll Ihnen bei dieser Entscheidung helfen. Es führt Sie in einem weitgespannten Bogen durch zahlreiche vorbildlich gelöste Beispiele aus den wichtigsten Stilrichtungen der modernen Gartenarchitektur. Anhand ganz unterschiedlicher Sichtschutzsituationen zeige ich Ihnen, worauf es im Detail ankommt, um eine Gartenfläche in einen perfekt schönen Gartenraum zu verwandeln. Sie lernen, wie ein Design seine Wirkung entfaltet, und erfahren, mit welchen Materialien dies konkret erreicht wurde. Unter den ausgewählten Beispielen befinden sich Anregungen, die sich zur kreativen Eigenleistung eignen, aber auch exklusives Design, das eine detaillierte Architektenplanung erfordert. Damit die gezeigten Ideen Ihnen einen möglichst hohen Informationsgehalt bieten, werden viele praktische Fakten zu Herstellung und Pflege genannt.

Wenn Sie sich dann, durch die Lektüre inspiriert, auf Ihr eigenes Projekt konzentrieren, denken Sie aber bitte bei aller Begeisterung für schöne Kreationen daran: Ihr Sichtschutz befindet sich im Außenbereich. Nur wenn die eingesetzten Materialien und Bauweisen den Einwirkungen von Frost, Hitze, Niederschlag, Luftfeuchtigkeit, UV-Bestrahlung und Wind über Jahre standhalten können, wird aus einer schönen Idee auch eine funktionierende Idee.

Vor diesem Hintergrund möchte ich Ihnen abschließend ans Herz legen, möglichst auf Qualität zu achten, wenn Sie es mit Ihrem Traumgarten ernst meinen. Setzen Sie auf vernünftige Qualität beim Material, bei der fachgerechten Ausführung und bei der vollständigen Planung. Nur wenn alle drei Faktoren stimmen, kann gute Gartenarchitektur gelingen, die Ihnen viele Jahre lang einen fantastischen Lebensgenuss beschert.

Und nun werden Sie aktiv! Tauchen Sie ein in die Welt der sichtschützenden Ideen und lassen Sie sich inspirieren. Ich wünsche Ihnen eine anregende Entdeckungsreise.

Manuel Sauer

„Site is a sculpture."
(Isamu Noguchi, Land-Artist, Japan/USA)

„Gartenarchitektur formt Landschaft zu einer begehbaren Skulptur, in welcher Mensch und Natur der gemeinsame Maßstab sind."
(Manuel Sauer, Landschaftsarchitekt)

PFLANZEN

Er rauscht, wenn der Wind hindurchstreift, ist duftig grün belaubt, blüht mitunter und bietet der Natur viel Entfaltung im Garten. Der grüne Sichtschutz besteht aus dem, was im Grunde genommen immer den Garten ausmachen wird: lebende Pflanzen. Ihre Vielfalt in Struktur und Farbe bietet eine weite Palette für einen vitalen Sichtschutz.

Zwei Kriterien helfen bei der Pflanzenauswahl: die Wuchsbreite und das Winterbild. Jede Pflanze weist ihren individuellen Habitus auf, also ihre Gesamterscheinung. Besonders luftige Pflanzen mit überhängenden Blüten benötigen einen nicht zu engen Raum, um sich habitusgerecht entfalten können. Gerade in kleineren Gärten sollten daher solche Pflanzen als hoher Sichtschutz bevorzugt werden, deren natürlicher Habitus eher straff aufrecht ist oder deren kompakte Verzweigung einen regelmäßigen Rückschnitt zulässt. Wenn der Sichtschutz auch im Winter möglichst noch wirken soll, was aber nicht in jeder Situation zwingend der Fall sein muss, empfehlen sich Pflanzen, die ganzjährig immergrün sind oder ihre Struktur bis kurz vor dem Frühjahrsaustrieb weitgehend erhalten. Wirklich keinen gärtnerischen Sinn machen Hecken aus Pflanzen, deren Blütenzweige regelmäßig abgesägt werden, weil sie im Sommer sonst zu breit wuchern würden.

Doch auch locker ausladende Pflanzen können Sie als Sichtschutz einsetzen. Das geht, wenn Sie diesen sympathischen Lebewesen in Form einer großflächig auf sie abgestimmten Gestaltung den benötigten Platz einräumen, um sich im Garten wohlzufühlen. Möglicherweise bietet Ihnen dieser Gestaltungsansatz dann auch gleich ein interessantes Gartenthema.

WECHSELSTIMMUNG Besonders überzeugende Raumeindrücke schaffen immer solche Sichtschutzlösungen, die eine Einheit mit dem übrigen Gartendesign bilden. Hier wachsen ein Seerosenbecken und eine Buchenhecke zu einem Bild zusammen. Die Verbindung stellen exakt geschnittene Eibenblöcke (*Taxus baccata*) her. Die Kuben umfassen zunächst das Kopfende des Wasserbeckens, um sich dann über zwei senkrechte Quader zu der Rückwand aus Rot-Buche (*Fagus sylvatica*) hinaufzustufen. Zwei kugelförmig geschnittene Blut-Buchen (*Fagus sylvatica purpurea*) flankieren die kunstvolle Kulisse. Ein interessanter Aspekt ist dabei der Verlauf der Jahreszeiten, denn in der hier gezeigten grünen Skulptur schlummert mehr Veränderungskraft, als dies auf den ersten Blick erscheinen mag. Das goldgelbe Herbstlaub der Rot-Buche und das dunkelrote Herbstlaub der Blut-Buche sowie ihr bizarres Wintergeäst dürften das augenblickliche Bild noch stimmungsvoll verändern. Dieser Farbwechsel beeinflusst auch die Wirkung der immergrünen Blöcke im Vordergrund. Sie werden sich dann deutlicher vom Hintergrund absetzen. Wenn frisch gefallener Schnee im Winter die waagerechten Flächen bedeckt, ergeben sich dort neue Kontraste. Im Frühjahr geschieht Weiteres: Bevor die Pflanzen ihr gedecktes Sommergrün zeigen, werden die beiden Buchensorten in unterschiedlichen Farben austreiben. Frischgrün erwacht die Rot-Buche, feuerrot die Blut-Buche. Gleichzeitig formieren sich leuchtend die hellgrünen Spitzen der Eiben. Dann fehlt nur noch ein winziger Sonnenstrahl als Funke im Gegenlicht der Blätter und das lebende Kunstwerk glüht auf.

BUBIKOPF UND BÜRSTENSCHNITT In einem Garten lassen sich unter den sichtschutzgeeigneten Pflanzen auch verschiedene Typen miteinander kombinieren. Auf dem Bild sehen Sie im Vordergrund eine einzelne Linie aus weich fallendem Chinaschilf, das am Swimmingpool eine sichtgeschützte Zone innerhalb des Gartens bildet. Gleichzeitig gliedert diese Achse auch den Gartenraum. Damit Gräser ihrem Naturell entsprechend beschwingt und locker auftreten können, benötigen sie Luft um sich herum, sonst wirkt ihr feines Laub eingeklemmt. Dies sollte bei der Pflanzplanung berücksichtigt werden. Neben vielen Ziergräsern, deren Wuchshöhe in etwa auch der Wuchsbreite entspricht, gibt es einzelne straff aufrecht wachsende Arten für schmalere Situationen wie das Reitgras (*Calamagrostis × acutiflora* 'Karl Foerster').

Als Kontrast zum flauschigen Vordergrund bildet den Gartenabschluss ein hohes Lindenspalier, dessen Astebenen als horizontale Linien das Grundstück umfahren. Spaliere eignen sich ganz hervorragend als hoher Sicht- und Windschutz. Doch beachten Sie: Spätestens ab einer Pflanzenhöhe von zwei Metern benötigen Sie das Einverständnis Ihres Nachbarn. Erkundigen Sie sich daher in jedem Fall nach dem jeweiligen Nachbarrecht Ihres Bundeslandes. Das Spalier hat in Deutschland mit Obstgehölzen eine lange Tradition. Spaliere aus gewöhnlichen Laubbäumen wie der Linde sind hingegen in den Niederlanden bekannt. Dort werden sie schon seit jeher als dekorativer Windschutz auf kleinen Grundstücken eingesetzt.

Bei der Formung von Spalierbäumen werden junge Zweige an einem Gerüst befestigt und in gleichmäßigen Abständen in ihre künftige Richtung geleitet. Es dauert viele Jahre, bis ein Spalierbaum verkaufsfertig ist. Denn bevor das Spalieren beginnen kann, muss eine Baumkrone zunächst ihre gewünschte Endhöhe erreicht haben, da die seitlich ausgetriebenen Äste an einem Baumstamm ja nicht mehr weiter in die Höhe wandern. Damit Spaliere nicht aus der Form geraten, bedürfen sie eines jährlichen Rückschnitts. Dabei wird der jeweils hinzugekommene Jahrestrieb komplett entfernt.

LAUBBÄUME FÜR MITTELHOHE SPALIERE

- Feld-Ahorn (*Acer campestre*)
- Ross-Kastanie (*Aesculus hippocastanum*)
- Hainbuche (*Carpinus betulus*)
- Buche (*Fagus sylvatica*)
- Amberbaum (*Liquidambar styraciflua* 'Worplesdon')
- Platane (*Platanus acerifolia*)
- Chinesische Birne (*Pyrus calleryana* 'Chanticlee')
- Winter-Linde (*Tilia cordata*)

Fotografie Jürgen Becker　Gartendesign Otium (Belgien)　Garten Privatgarten, Oostacker (Belgien)

Fotografie Volker Michael Gartendesign Stephanie Richards (England) Garten Eastlaech House Garden (England)

SCHLÜSSELLOCH-EFFEKT Der unangefochtene Klassiker unter den grünen Sichtschutzpflanzen ist die immergrüne Formhecke, denn sie ist die Heckenvariante mit dem geringsten Platzanspruch. Allerdings benötigt selbst eine Hecke aus schnittverträglicher Eibe immer noch eine Breite von mindestens 60 bis 80 cm, sonst würde sie sich nicht dauerhaft blickdicht entwickeln. Formhecken sind ein idealer ruhiger Hintergrund für ein Design mit klaren Raumkanten. Sie können ab einem gewissen Punkt jedoch auch monoton wirken und drohen dann sogar den Gartenraum einzuengen. Eine Lösung könnten in diesem Fall Öffnungen bieten, die formschön in die Hecke integriert werden. Bei dem hier abgebildeten Sichtschutz sorgen einzelne rund gefasste Fenster für den gewünschten Durchblick.

Schon diese relativ kleinen Ausschnitte lassen den Betrachter eine andere Raumtiefe empfinden, weil mit ihrer Hilfe sein Blick nicht mehr vor der grünen Wand stecken bleibt, sondern er auch die dahinterliegende Landschaft wahrnehmen kann. Testen Sie selbst einmal diese Wirkung, indem Sie das mittlere Bullauge auf dem Foto mit den Fingern abdecken. Konzentrieren Sie sich für einen Moment auf die Hecke daneben und geben Sie dann das Bild wieder frei. Spüren Sie, wie sich Ihr Garteneindruck plötzlich erweitert?

Kleine Fenster in Wänden wecken zudem leicht die Neugierde des Betrachters und eignen sich daher auch gut als Blickfang – beispielsweise als lockendes Ziel am Kopfende einer Wegeachse. Was ist auch interessanter als ein verstohlener Blick durch das grüne „Schlüsselloch" einer ansonsten undurchdringlich erscheinenden Wand? Selbstverständlich sollte der gebotene Ausblick dann aber auch eine Belohnung sein. Insbesondere bei einer regelmäßigen Anordnung von Öffnungen empfehle ich unbedingt, die Fenster bereits bei der Pflanzung der Hecke genau einzuplanen. Wenn Sie die Ausschnitte erst später festlegen, kann es Ihnen nämlich passieren, dass unerwartet der Stamm einer Heckenpflanze im Fenster erscheint. Einen solchen Ausblick möchten Sie dort aber nicht bewundern …

SCHNITTTECHNIK BEI HECKENFENSTERN

Damit Heckenfenster im Laufe der Zeit nicht zu unerwünschten Löchern ausfransen, ist ihre exakte Form zu wahren, sonst geht die gestalterische Wirkung verloren. Besonders bogige Ausschnitte, die etwas schwieriger nachzuschneiden sind, können Sie an der Innenseite mit einem stabilen Metallgitter formgerecht auskleiden. Dadurch lassen sich die nachgewachsenen Triebe schnell und passgenau zurückstutzen.

BAMBUS-LICHTUNG Pflanzen, die wie Bambus eine ausladende Wuchsform aufweisen, sollten ihrem lockeren Habitus entsprechend verwendet werden und nicht auf zu kleinen Flächen, wo sie eingeengt wirken würden. Der hohe Bambus kam hier großflächig zum Einsatz. Der gewünschte Sichtschutz wurde dann zu einer kompletten Gestaltungsidee als flächiger Bambushain mit Sonnendeck weiterentwickelt.

Das Bambuswäldchen wird vom gelbhalmigen Bambus (*Phyllostachys aureosulcata* 'Spectabilis') geprägt, der eine Höhe bis zu acht Metern und Halmdicken bis vier Zentimeter erreicht. Durch das Unterholz windet sich ein Schrittplattenpfad, den bei Dunkelheit die goldgelb illuminierten Bambushalme begleiten. Am Rande des Wäldchens in leichter Hanglage liegt das Sonnendeck. Die spezielle Unterkonstruktion der Stufen wurde so geplant, dass die unsichtbar verschraubten Holzplateaus wie übereinandergeschichtet wirken. So wird die natürliche Geländetopografie nachgezeichnet. Eine integrierte Außendusche aus Edelstahl bietet Abkühlung an heißen Tagen. Vor dem Deck wurde mit einem anderen Bambus (*Indocalamus tesselatus*) gearbeitet. Dieser wird etwa 1,50 Meter hoch und breit. Seine schlanken, exotisch anmutenden Blätter erreichen bis zu fünfzig Zentimeter Länge. Weil die verwendeten Bambusarten aktive Ausläufer (Rhizome) bilden, wurden die Pflanzflächen mit einer Rhizomsperre, einer dichten, siebzig Zentimeter tief eingegrabenen Kunststoffwand, umschlossen. So bevölkern sie im Laufe der Jahre nicht den gesamten Garten. Die angepflanzte Dschungelwildnis wird sich nur so weit ausbreiten, wie es erwünscht ist.

Fotografie Marianne Majerus Gartendesign Jilayne Rickards (England) Garten Privatgarten, London (England)

MAUERBLÜMCHEN Um Sichtschutzelemente auf Balkon und Terrasse mit zusätzlichem Grün zu beleben, bieten die platzsparenden Kletterpflanzen interessante Möglichkeiten. Neben den sogenannten Wurzelkletterern, die ohne Kletterhilfe auskommen, gibt es die Gruppe der Rankpflanzen, die eine Rankhilfe benötigt, um der Sonne entgegenzuwachsen. Zu ihnen zählen viele bekannte Blütenpflanzen wie Kletterrose oder Waldrebe. Wenn Sie für Ihren Balkon eine Rankpflanze suchen, die im Sommer blüht, aber auch im Winter ansehnlich bleibt, empfehlen sich die immergrünen Blüher unter ihnen. Sie behalten im Winter ihr grünes Laub, was sie dann meist etwas empfindlicher sein lässt. Auf dem Bild machen Sie Bekanntschaft mit einem besonders interessanten Exemplar, dem Sternjasmin. Seinen Namen verdankt dieser Jasmin, der botanisch gesehen gar kein Jasmin ist, seinen intensiv wohlriechenden, weißen Blüten, die er von Juni bis Juli überreichlich ausbildet. Da er aus dem südlichen Asien stammt, ist der Sternjasmin in kälteren Gefilden nicht vollständig frosthart, auch wenn er kurzzeitig einmal -10° in einer Frostnacht übersteht. Aufgrund seines feinen Duftes und seines glänzend grünen Blattwerks eignet sich der Sternjasmin gut für die Kübelbepflanzung auf windgeschützten Balkonen. Auf dem Bild bereichert er eine Sichtschutzwand aus schmalen Querlatten. Farblich sehr schön abgestimmt wurden hier die Lattenwand, die lackierten Stahlblechkübel und die historischen Bodenfliesen im Schachbrettverband. Die dekorative Kiesschicht auf der Pflanzfläche verhindert eine übermäßige Verdunstung, denn Wasser ist in Pflanzkübeln ein wertvolles Gut. Wenn Sie sich nur sporadisch um Ihre Pflanzen kümmern können, empfehle ich Ihnen neben der obligatorischen Kiesdrainage auf dem Gefäßboden und einer regelmäßigen Düngung die Installation einer Tropfbewässerung. Sie wird heute auch als spezielles System für Pflanzkübel angeboten. So versorgt, wird Ihre Balkonbegrünung vital durchs ganze Jahr gehen und muss selbst an heißen Sommertagen kein trauriges Schattendasein fristen.

IMMERGRÜNE RANKPFLANZEN für Balkon und Terrasse

- Immergrüne Waldrebe (*Clematis armandii*), Blüte: weiß, März–Mai (bedingt frosthart)
- Immergrüne Geißschlinge (*Lonicera henryi*), Blüte: gelb-rot, Juni–Juli (gut frosthart)
- Sternjasmin (*Trachelospermum jasminoides*), Blüte: weiß, Juni–Juli (bedingt frosthart)

RANKHILFEN

Die drei wichtigsten Rankhilfen sind Edelstahlseile mit Spanner, Stahldraht (kunststoffummantelt) und Rankgitter aus Holz.

Bei Rankhilfen empfiehlt sich die stabile Montage von Abstandshaltern an der Wand (Mindestlänge etwa 10 cm), damit die Pflanze sie leicht umwachsen kann.

FUGEN-BILD In diesem Garten sorgt die dreidimensionale Grafik weniger Linien für eine klare Zusammenführung des gesamten Gartenraumes. Die regelmäßige Unterteilung der massigen Heckenwand verhindert die ansonsten typische Schwerfälligkeit eines durchgehenden Riegels. Die Pflanzenlinien im Rasen folgen dem Rhythmus der Heckenelemente. Sie zeichnen den Verlauf der breiten „Wandfugen" mit Blütenbändern nach und legen sich wie horizontale Schattenwürfe über das Gras. Auf diesem Frühlingsbild blühen gerade hellblaue Hyazinthen. Die schmalen Pflanzstreifen lassen sich mehrmals im Jahr mit unterschiedlichen Saisonblühern umgestalten, sodass im Spiel mit Farbe, Struktur und Höhe unendlich viele Pflanzenvariationen möglich sind. Da die Größe der einzelnen Pflanzflächen insgesamt überschaubar ist, bleibt der Pflegeaufwand gleichzeitig relativ gering. So entsteht auf ganz unprätentiöse Weise ein zurückhaltender, aber dennoch abwechslungsreicher Gartenraum.

Bei genauerem Hinsehen erkennen Sie allerdings auch einen Aspekt, der doch ein wenig mehr Pflegearbeit bedeuten dürfte. Entlang der Hyazinthenachsen ist die Abgrenzung zur Rasenfläche nicht eindeutig. Vielleicht ist es so gewollt, um die Pflanzenbänder etwas natürlicher oder zufälliger erscheinen zu lassen. Vielleicht sind die Blütenbänder auch erst zu einem späteren Zeitpunkt zum Rasen hinzugefügt worden. Pflegetechnisch gesehen wäre hier jedoch eine schmale Pflasterzeile oder ein senkrecht in den Boden eingebautes Metallprofil aus verzinktem Stahl oder Aluminium hilfreich, damit Rasen und Pflanzung künftig nicht mehr ineinander wachsen. So wäre natürlich auch die Linienführung der Beetkanten besser ablesbar. Da der nachträgliche Einbau von Einfassungen aus Pflastersteinen mit umfangreicheren Erdarbeiten verbunden wäre, ist hier eine Metallschiene mit bereits daran befestigten Erdnägeln die etwas einfachere Lösung.

WUCHSVERHALTEN VON HECKEN

Bei der Auswahl hoher Heckenelemente spielt der Pflanzenpreis eine nicht unerhebliche Rolle. Grundsätzlich haben Sie die Wahl zwischen preisgünstigeren, schnellwachsenden Pflanzen wie Kirschlorbeer oder den teureren, langsamwüchsigen Pflanzen wie Buchsbaum oder Eibe. Die schnellwüchsigen erreichen früher die gewünschte Höhe, allerdings stoppen sie dort nicht, sondern drängen mit gleicher Energie weiter. Sie weisen meist auch größere Blattabstände auf. Nach einem Heckenschnitt ist ihr graues Astwerk daher deutlicher zu sehen. Die langsamwüchsigen Pflanzen halten länger ihre Schnittform und produzieren weniger Grünabfall. Da sie sich nach einem Schnitt meist auch direkt an den Schnittstellen des Holzes wieder begrünen, sind sie dichter als die Schnelltreiber. Das ermöglicht schmalere Heckenbreiten und exaktere Formen.

Fotografie Jürgen Becker Gartendesign Mien Ruys (Niederlande) Garten Tuinen Mien Ruys (Niederlande)

Fotografie Helmut Reinelt   Gartendesign RMP Stefan Lenzen Landschaftsarchitekten (Deutschland)   Garten Dycker Feld, Jüchen (Deutschland)

ALLEE DER HALME Ein wesentlicher Vorteil des lebenden Baumaterials Pflanze gegenüber einem gewöhnlichen Baustoff ist seine authentische Vitalität und natürliche Wandelbarkeit. Wenn Ihr Sichtschutz im späten Winter vorübergehend etwas durchsichtiger werden darf, habe ich hier einen architektonischen Leckerbissen für Sie: Gras. Nein, nicht der perfekte Rasenteppich in der Mitte ist gemeint, das Gras daneben ist unser Protagonist. Der hier abgebildete Weg führt durch eine Gasse aus wunderschön wiegendem Chinaschilf. In kleinerer Form als Ziergras in schon so manchen Gärten zu Hause, präsentiert sich hier die größte Sorte des Chinaschilfs mit der imposanten Wuchshöhe von bis zu drei Metern, das Riesen-Chinaschilf (*Miscanthus giganteus* 'Aksel Olsen'). Fast schon unglaublich klingt die Tatsache, dass die Pflanze diese Wuchshöhe in jedem Jahr neu aufbaut. Wie bei nahezu allen Gräsern färbt sich im Herbst auch bei diesem Chinaschilf das Blattwerk in ein changierendes Hellbeige bis Braun und überdauert so den Winter. Vor dem Frühjahrsaustrieb ist es sorgfältig herunterzuschneiden. Dann passiert das grüne Sommermärchen: Mit den ersten milden Temperaturen recken sich zahllose frischgrüne Triebe in Richtung Sonne und wachsen … und wachsen. Sie wachsen jede Woche etwa zwanzig Zentimeter in die Höhe. Sie gedeihen zu kräftigen Halmen und erreichen im April einen Meter, im Mai zwei Meter und erklimmen im Juni schließlich ihren dritten Höhenmeter, bis sie den Gartenraum in einen mild rauschenden Gras-Canyon verwandelt haben. Dann verweilen unsere Wachstums-Helden und genießen ihr Dasein entspannt einen ganzen Sommer lang. Genießen Sie mit.

URBANITÄT TRIFFT LANDLEBEN Ein funktionaler Windschutz in einem unaufgeregten Design war das Gestaltungsziel für diesen Stadtgarten in luftiger Höhe. Damit er filigran wirkt, wurde der Schutz in Form einer rahmenlosen Mattglasscheibe auf die Attika montiert und nur an einzelnen Halterungspunkten aus Edelstahl verschraubt. Mattglas ist ein durchscheinendes Glas, dessen milchige Oberfläche durch ein Sandstrahlverfahren oder durch chemische Einwirkungen leicht angeraut wurde. Um das Glas rahmenlos zu verwenden, muss es in jedem Fall aus Verbundsicherheitsglas (VSG) bestehen. Für die Bepflanzung wurde der Zwerg-Bambus *Sasa masamuneana* 'Aureostriata' ausgewählt, der eine Höhe bis etwa 1,50 m erreicht. Sein besonderer Aspekt besteht in seinen lebendigen Blattfarben. Im Verlauf des Sommers wandern die Farben nach und nach von Grün in facettenreiche Gelbtöne. Sollten Sie ein noch weicher wogendes Pflanzenbild suchen, wären Ziergräser mit hellen Blütenständen eine Variante. Sehr schön präsentiert sich die Verkleidung der Pflanztröge mit handgeflochtenen Korbpaneelen. Die Weidenruten transportieren das ländliche Element ins städtische Umfeld und bewirken einen sympathischen Kontrast zur kühlen City-Atmosphäre. Auch der Bodenbelag verfolgt die rustikale Richtung. In Ehren ergraut, strahlt seine patinierte Oberfläche gelassene Natürlichkeit aus. Als kleines Detail trägt dazu auch die pragmatische und handwerklich sauber gearbeitete Verschraubung der glatt gehobelten Dielen bei. Die bewusst naturbelassenen Zutaten prägen hier eine charmant entschleunigte Lichtung inmitten der Metropole.

GLASBOHRUNGEN

Um Glasscheiben nur punktuell anzuschrauben, müssen sie bei bestimmten Befestigungsarten durchbohrt werden. Da dort später hohe Materialbeanspruchungen auftreten, darf nur thermisch vorgespanntes Glas verwendet werden. Die Bohrungen erfolgen im Herstellungsprozess vor der thermischen Behandlung. Auf der Baustelle sind dann nur noch geringe Korrekturen möglich.

LOCKERE KÜBELGRÄSER MIT ÜPPIGEN BLÜTEN

- Rasen-Schmiele (*Deschampsia cespitosa* 'Goldschleier'), H 100 cm
- Großes Lampenputzergras (*Pennisetum alopecuroides* 'Compressum'), H 120 cm
- Silber-Ährengras (*Stipa calamagrostis* 'Allgäu'), H 80 cm

KORBPANEELE FLECHTEN

Wenn Sie das Flechthandwerk einmal ausprobieren möchten, benötigen Sie für ein harmonisches Flechtbild möglichst gleich starke Weidenruten. Das Auswahlverfahren können Sie abkürzen, in dem Sie die Ruten schon verarbeitungsfertig sortiert und gewässert einkaufen. Die Zwischenstege sind auf einem Lattengerüst zu fixieren, damit sie beim Flechten nicht ständig verrutschen können.

25

Fotografie Marianne Majerus Gartendesign Michèle Osborne (England) Garten Privatgarten, London (England)

Fotografie Volker Michael   Gartendesign Ineke Greve (Niederlande)   Garten „Huys de Dohm", Ineke Greve, Heerlen (Niederlande)

KUNST-PROJEKT Wo größere Freiflächen vor einer Hecke zu gestalten sind, ist Raum für großzügige Gesten. Die klassische Formschnittkunst, das Topiary, erlaubt ruhige, plastische Gestaltungen mit nur wenigen Zutaten. Insbesondere ästhetische Bänderungen und Stufungen sind dann geeignete Mittel, um weiträumig zu arbeiten. Als markanter Blickfang fällt hier jedoch eine weiße Marmor-Büste auf. Hoch auf einem Sockel positioniert, ist die Büste von verschiedenen Gartenbereichen aus wahrnehmbar. Die über der Oberkante der Gartenhecke angesetzte Rahmung der Büste unterbricht die gerade Linie der Hecke, wodurch der Sichtschutz optisch ein Stück in den Hintergrund rückt. Mit leichtem Schwung stuft sich die grüne Bänderung zum Boden hinunter, bis sie die Fläche vorne als niedrige Beeteinfassung elegant abschließt. Die einheitliche Bepflanzung aus weißblühenden Strauchrosen unterstreicht den symmetrischen Charakter des Gartens.

Dekorative Plastiken wie die Büste oder auch anspruchsvolle bildhauerische Werke werden in Gärten bedauerlicherweise immer noch viel zu selten als Gestaltungselement eingesetzt. Dabei sind Kunstobjekte in unterschiedlichsten Stilrichtungen das ideale Mittel, um einzelne Blickachsen mit einem attraktiven Ziel abzuschließen oder einen Gartenbereich insgesamt aufzuwerten. Mit etwas planerischem Geschick können Sie anhand mehrerer Objekte auch schon ein gesamtes Gartenthema gestalten, das Ihren Außenraum dann vielleicht sogar in ein privates Gesamtkunstwerk verwandelt.

KUNSTOBJEKTE RICHTIG AUSWÄHLEN

- Die Struktur eines Objekts sollte sich deutlich vom oft unruhigen Hintergrund abheben. Daher empfehlen sich vor Laubgehölzen großflächigere Gegenstände und ein heller Farbkontrast zum Pflanzengrün.
- Objekte im Außenraum werden meist aus größeren Abständen betrachtet als in der Galerie. Prüfen Sie also deren Fernwirkung am besten an ihrem künftigen Standort.
- Bedenken Sie die Witterungsbeständigkeit des Kunstgegenstandes und den Pflegeaufwand. Patina auf der Oberfläche kann je nach Material übrigens sehr ansprechend aussehen.

KUNSTOBJEKTE RICHTIG BELEUCHTEN

Skulpturen bieten eine perfekte Beleuchtungsmöglichkeit. Wie sie bei Dunkelheit wirken, hängt neben der Lichtfarbe vom Winkel der auftreffenden Lichtstrahlen ab. Je flacher der Strahlenwinkel ist, desto weicher wird das Objekt beleuchtet. Dadurch bleiben Details besser sichtbar. Ein steiler Strahlenwinkel zeichnet dramatische Schatten auf die Plastik. Flache Strahlenwinkel erfordern oft einen größeren Abstand zwischen Lichtquelle und Objekt. Planen Sie die künftigen Standorte frühzeitig ein.

... KOMMT DRAUF AN, WAS DRAUS GEMACHT WIRD ...

Beton und Grün müssen schon lange keinen unversöhnlichen Gegensatz mehr darstellen. Sie können auch einfach ein inspirierendes Miteinander starten – und das ist hier passiert. Sofort fesseln die aufrechten Stelen aus rotem Sichtbeton den Blick. Erst langsam wandert er weiter und ordnet die Stelen in das Gesamtbild ein. Der Garten gibt sich im Weiteren gedeckt, warme Grautöne herrschen vor. Die Elemente sind überschaubar und geradlinig angeordnet. Ihre Zurückhaltung steigert die Wirkung der Stelenwand, die ja fast schon die Anmutung einer modernen Plastik entfaltet. Was die besondere Faszination an diesem Objekt ausmacht, ist die gelungene Kombination von Betonstele mit Pflanze. Die sorgfältig gepflanzten Hainbuchen (Carpinus betulus) durchdringen den Rhythmus der Stelenwand jeweils als quergestellte grüne Wände. So wächst das Gesamtelement noch ein Stück in die Breite, was wiederum auch die schmale Wandstärke der Betonscheiben herausbildet. Einen Meter von der Grundstücksgrenze abgerückt, steht die Sichtschutzwand perfekt ausbalanciert und frei im Raum.

Die Herstellung solcher ästhetischen Betonelemente verlangt hohe Qualitätsstandards. Schon bei geringfügigen Änderungen der einzelnen Zuschlagstoffe wie Zement oder Wasser verändert ein Beton nicht nur seine statischen Eigenschaften, sondern auch seine äußere Erscheinung. Ebenfalls hat die gewählte Schalungstechnik einen maßgeblichen Einfluss auf die spätere Oberflächenqualität. Insbesondere glatte, ebene Sichtbetonflächen, wie sie in der aktuellen Architektur zum Einsatz kommen, zeigen später alle eventuell geschehenen Produktionsabweichungen deutlich. Eingefärbte Betonelemente wirken langfristig nur edel, wenn hochwertige Farbpigmente verwendet und sorgfältig eingemischt wurden. Würde hier an der falschen Stelle gespart, wären Risse und unansehnliche Farbschwankungen in der Oberfläche vorprogrammiert. Bei Designbeton sollten Sie also nur auf erfahrene Produzenten und auf Qualitätsmaterial setzen. Dann wird es auch was mit dem sachlich schönen Designergarten.

BETONSTELEN RICHTIG EINBAUEN

Stelen müssen tief verankert sein. Ein Richtwert ist, das Bauteil zu einem Drittel seiner Gesamthöhe in den Boden einzubinden. Eine eingebaute 2,00 m hohe Stele wäre also insgesamt 3,00 m lang.

PFLANZENWURZEL UND FUNDAMENTBETON

Bei der Fundament-Erstellung ist der Wurzelraum der Pflanzen freizuhalten. Der Beton wird nicht einfach in die Grube gekippt, sondern in eine zuvor errichtete Schalung eingebaut. Auch die künftige Wasserversickerung in den Untergrund und die Wasserversorgung muss der Fundamentbeton freilassen.

Fotografie Rasche GmbH   Gartendesign Birkenmeier Stein + Design (Deutschland)

Fotografie Jürgen Becker Gartendesign Erik de Waele (Belgien) Garten Daniel und Kathleen De Sy-De Smet (Belgien)

PARK-PERSPEKTIVEN Bei großen Gärten besteht die Herausforderung an den Planer unter anderem darin, dass unterschiedliche Raumwirkungen aufeinander abzustimmen sind. Neben den wechselnden Raumsituationen, die er bereits aus mittelgroßen Gartentypen kennt, und der hohen Detaildichte, die er in Kleingärten beherrscht, sollte der Gartenarchitekt bei einem größeren Privatgarten dessen charakteristische Weite wahren und herausarbeiten können. Hier kommt also die Fernwirkung als Planungsaspekt hinzu. Das Planungsziel ist erst erreicht, wenn der allgemeine Gartenüberblick nicht nur gefällt, sondern zu einer gemütlichen Erkundung des weitläufigen Gartens animiert. Idealerweise wird die geweckte Neugier dann während eines Rundganges auch mit überraschenden Gartendetails belohnt. Auf dem Bild liegt ein entfernter Sitzplatz vor einer mächtigen Baumkulisse. Damit ihn die Gehölze nicht optisch erdrücken, erhielt er eine ungewöhnlich hoch aufbauende Einfassung aus geformter Hainbuche (*Carpinus betulus*). Mit leichtem, aber wirkungsvollem Schwung hüllt sie den Platz an beiden Seiten dezent ein und lässt ihn dadurch wohlgeschützt erscheinen. Gleichzeitig fügt sich das frischgrüne Laub der Hainbuche harmonisch in das parkähnliche Gesamtbild ein. Die klassische Formschnittkunst Topiary ergänzt sich dabei ideal mit dem Beet aus historischen Strauchrosen. Dieses Beispiel verdeutlicht uns ferner, dass Topiary nicht nur rein dekorative Möglichkeiten bietet, sondern bei der Gestaltung auch in funktionaler Hinsicht seine Berechtigung hat und haben wird.

GEZÄHMTER DSCHUNGEL Je kleiner zu gestaltende Flächen sind, desto wichtiger ist es, auch alle Detailfragen stilgerecht zu lösen, denn gerade auf Balkonen und Dachterrassen wird der Betrachter seine unmittelbare Umgebung besonders eingehend begutachten. Unstimmigkeiten würden hier schnell auffallen. Bei Bepflanzungen sollte auch der Gestaltung der Pflanzkübel gebührende Aufmerksamkeit geschenkt werden. Obwohl die Behälter heute in einer schier unendlichen Vielfalt an Materialien, Formen und Farben angeboten werden, liegt die beste Lösung doch oft in einer passgenauen Einzelanfertigung, denn so ist der kostbare Platz auf dem Dach effizienter zu nutzen. In diesem Fall verband ein geschicktes Design sogar die drei Komponenten Bodenbelag, Pflanzbeet und Geländer zu einer Einheit. Das Stahlgeländer wurde dabei gleichzeitig zum umlaufenden Rahmen der hölzernen Pflanzkübelverblendung, deren Holzdielen darin senkrecht aufgestellt wurden. Die unsichtbare Verschraubung dieser Hölzer entspricht wiederum der Ausführungsart des Bodenbelags. Die sorgfältig eingehaltenen Fugenverläufe lassen Boden und Pflanzkübel zu einem Bauteil zusammenwachsen. Die Sichtschutzpflanzung aus Bambus (*Fargesia murielae*) bildet einen frischen, ungebändigten Kontrast zur klaren Linienführung der Kübel. Bambus kann die verschiedensten Sichtschutzaufgaben lösen, denn es gibt ihn in Endgrößen von 50 cm bis über 6 m Höhe und darüber hinaus. Die niedrigen Sorten eignen sich zur einfachen Bepflanzung bei Geländern wie auf dem Beispielbild. Doch auch unansehnliche, höhere Hauswände oder die unerwünschten Blicke vom Nachbarbalkon können mit Bambus wirkungsvoll verdeckt werden. Zu bevorzugen sind auf windigen Plattformen die Bambussorten mit der höchsten Frosthärte. Gerade auf Dächern und Balkonen ist es aber von besonderer Wichtigkeit, die berüchtigte Wanderlust der Bambuswurzelausläufer unter Kontrolle zu behalten (s. Kasten unten). Daher sollte Bambus dort nur in separaten Pflanzkübeln verwendet werden, damit die grüne Wildnis auf dem Dach nicht überraschend ausbricht.

DIE FROSTSTABILSTEN BAMBUSSORTEN

- *Pleioblastus viridistriatus* 'Vagans', Höhe bis 1,00 m, Frost bis zu -24 °C
- *Shibataea kumasaca*, Höhe bis 1,50 m, Frost bis zu -22 °C
- *Fargesia muriela*, Höhe bis 2,50 m, Frost bis zu -26 °C
- *Hibanobambusa tranquillans*, Höhe bis 5,00 m, Frost bis zu -20 °C
- *Phyllostachys bissetii*, Höhe bis 8,00 m, Frost bis zu -24 °C

RHIZOMSPERRE

Bis auf die *Fargesia* entwickeln nahezu alle Bambusarten ein relativ agressives Wurzelwachstum in Form von unterirdischen Ausläufern (Rhizomen). In einfachen Pflanzbeeten werden als Rhizomsperre stabile Kunststoffbahnen von 70 cm Höhe senkrecht in dafür ausgehobene Gräben gestellt und mit Aluminiumschienen dicht verschraubt.

Fotografie Marianne Majerus   Gartendesign Stuart Craine (England)   Garten Privatgarten, London (England)

Fotografie Marianne Majerus Gartendesign Tom Stuart-Smith (England) Garten RHS Chelsea Flower Show (England)

TÄUSCHUNGEN MIT TIEFENWIRKUNG Kleinere Gärten wollen gerne größer wirken, als sie tatsächlich sind. Der Wunsch ist erfüllbar. Einmal durch sparsame Materialkombinationen, die den Gartenraum nicht überfrachten und zum anderen durch Gestaltungsinhalte, welche die Tiefenwirkung eines Raumes stärken.

Ein probates Mittel ist die Verwendung perspektivischer Achsen, was hier mit Hilfe der Pflanzen erfolgreich umgesetzt wurde. Sie funktionieren in diesem Fall wie die klassischen Fluchtlinien, die Sie vielleicht noch aus dem Kunstunterricht kennen, um ein dreidimensionales Objekt zu zeichnen. Zunächst erhielten die Pflanzbeete eine niedrige, aber kräftige Rahmung aus Buchsbaum, deren Kanten die unteren Linien bilden. Die oberen Fluchtlinien stellen die Kronenansätze der Kleinbäume dar. Bei genauerer Betrachtung ist jetzt sogar nachzuspüren, wie die Fluchtlinien in der Ferne im Horizontpunkt zusammentreffen. Die dort verlaufende Horizontlinie liegt lehrbuchgerecht auf der Augenhöhe des Betrachters. Die Kleinbäume sind in diesem Fall eine ganz besonders gute Wahl, da ihr typischer Alleebaumcharakter von sich aus schon Großzügigkeit und Strecke suggeriert. In diesem Fall helfen Gehölze von möglichst grazilem Habitus, die Maßstäblichkeit zu wahren. Bei der Pflanzplanung sollten Sie daher Bäume mit filigranen Stämmen und kompaktem, feinem Laub auswählen.

Durchblicköffnungen in Sichtschutzwänden schaffen ebenfalls Raumtiefe. Wenn der Blick hinter die Kulisse jedoch weniger vielversprechend ist, hilft die Sinnestäuschung weiter. Spiegel und Spiegelungen zeigen nicht vorhandene Ausblicke in die Ferne und schenken kleinen Räumen so mehr Volumen. In diesem Beispiel unterstützen die Reflexionen des Wassers das Spiegelbild noch zusätzlich und lösen dadurch auch die statische Senkrechte der Wand etwas auf. Doch was soll in dem Spiegel eigentlich zu entdecken sein? Damit sich der Beobachter nicht selbst darin findet, wurde der Spiegel hier nach hinten geneigt. So zeigt sich das Laubdach einer mächtigen Platane – und die endlose Weite des Himmels.

BÄUME MIT KLEINEN, KUGELFÖRMIGEN KRONEN

- Feld-Ahorn (*Acer campestre*)
- Blumen-Esche (*Fraxinus ornus* 'Meczek')
- Stechpalme (*Ilex aquifolium*)
- Liguster (*Ligustrum delavayanum*)
- Glanzmispel (*Photinia fraseri* 'Red Robin')

SZENEN EINER LANDSCHAFT

In der angemessenen Reduktion und Klarheit liegt die Kunst der Raumgestaltung. Dieses Gartenbild lebt von wenigen, unspektakulären Elementen, die jedoch wohlproportioniert arrangiert wurden. Der schnörkellose Heckenverlauf wirkt nicht monoton, sondern erhält durch die umlaufende Stufung eine elegante Grafik, die wie ein Rahmen den Gartenbereich umfasst. Im Rhythmus der Stufung öffnet sich die grüne Einfassung nach oben hin und weitet so die Raumgrenzen ein Stück weit auf. Eine weitere Rahmung bekam das mit hellem Kies bestreute Plätzchen davor. Hier wurde der beigefarbene Kalkstein aus der Belagfläche in einer deutlich erkennbaren Breite als Einfassung auch an der Hecke entlanggeführt. So wirkt die Kiesfläche wie ein Ausschnitt im Plattenbelag. Fünf Natursteinblöcke ziehen die Aufmerksamkeit auf sich. Mit ihren urbelassenen Seitenflächen haben sich die Steinquader ihren archaischen Charakter erhalten. Aus zweien von ihnen quillt fast unmerklich eine leise Wasserquelle. Die drei anderen laden als spartanische Schemel zum kurzen Verweilen ein. So können Besucher die kontemplative Atmosphäre des Gartens für einen Augenblick in sich aufnehmen. Die Gestaltung zitiert die Grundphilosophie der fernöstlichen Gartenarchitektur, in der die Gestaltungselemente als Sinnbilder einer idealisierten Landschaft verstanden werden. Direkt vor Ihren Augen liegt ein lebendes Stillleben, das abstrahiert einen stillen See zeigt, aus dem mächtige Felseninseln herausragen und der von einem grünen Gebirgsrelief umgeben ist. Tauchen Sie ein.

37

Fotografie Helmut Reinelt   Gartendesign Luciano Giubbilei (Italien)   Garten Laurent Perrier Garden, London (England)

WÄNDE

Gebaute Sichtschutzelemente bieten ein besonders breites Spektrum, um Außenräumen eine individuelle Gestalt zu verleihen. Als feste Bauteile vermitteln sie Solidität, Sicherheit und ein Höchstmaß an Privatheit. Neben gestalterischen Motiven können aber auch praktische Gründe für einen gebauten Sichtschutz sprechen. Ein Vorteil liegt beispielsweise in den kompakten Baumaßen. Zäune und Wände benötigen in der Regel nur 10 bis 25 Zentimeter Breite. Das kann in einem schmalen Garten schon ein Argument sein. Mauern sind zudem bei Hanglagen geeignet, als Stützwand größere Höhenunterschiede abzufangen. Die stabile Bauweise von Wänden ermöglicht darüber hinaus deren Nutzung als Rückwand für unterschiedlichste Anbauten wie eine Pergola oder die unmittelbare Heranführung weiterer Gestaltungsinhalte wie ein Podest oder ein Wasserbecken. In Wände integrierte Nischen bieten zusätzliche dekorative Abstellflächen. Die Entscheidung bezüglich des Wandtyps kann wiederum durch die Beschaffenheit des Untergrunds beeinflusst werden. So sprechen starke Baumwurzeln gegen eine Wand mit durchgehenden Fundamenten in diesem Bereich. Hier schlägt die Stunde der Pfosten mit schmalen Punktfundamenten für Elemente aus Holz, Glas oder Textil. Realisierbar wäre dort bei Erfordernis auch eine Überbrückung des Wurzelbereichs mit einer stabilen Trägerkonstruktion, die dann als Auflagefläche für flexible Wandelemente dienen könnte. Am Anfang einer jeden gut gebauten Sache steht jedoch immer die gute Idee. Eine breite Auswahl interessanter Ideen finden Sie auf den folgenden Seiten.

Fotografie Helmut Reinelt Gartendesign Patrick Verbruggen (Belgien) Garten Rixensart (Belgien)

TRAPEZKÖRPER Individuelle Architektur ist unter anderem immer da erfolgreich, wo die funktionalen Stärken und Eigenschaften der verwendeten Materialien optimal zur Geltung kommen. Hier gelingt es mit Stahl. Die Gebäudestruktur basiert auf verzinkten Profilstahlträgern. Dieses Grundkonzept wird in die Außenanlage weitergeführt, indem das Vorgartenplateau von den charakteristischen Stahlträgern getragen wird. Leicht schwebt es über dem Kies vor dem Eingangsbereich. Auch bei der Fassade fiel die Wahl auf Stahl. Hier wurde eine moderne Stahlblechverkleidung mit einem markanten Trapezprofil montiert. Die Oberfläche ist in einem Aluminiumfarbton pulverbeschichtet. Bei einer Pulverbeschichtung wird der Lack als elektrisch aufgeladenes Pulver auf den Stahl gesprüht und in einem Ofen eingebrannt. Im Eingangsbereich ergänzen sich die seidig schimmernde Metallfassade und das erhabene Rotbraun der massiven Mahagonitafeln. Die intensive Ausstrahlung der filigranen Holzmaserung erzielte eine spezielle Wachstechnik. Der Sichtschutz zur Straße besteht aus einem massiv wirkenden Riegel, der ebenfalls mit den Trapezprofilen verkleidet ist. Er trägt auch Teile der Gebäudelasten. Der schmale Abstand zwischen Hausecke und Riegel wahrt hier eine gewisse Offenheit. Die Form des Sichtschutzelements erinnert an die einer echten Formhecke. Das schafft Gemeinsamkeit mit der seitlich verlaufenden Rot-Buchenhecke (*Fagus sylvatica*). Als lebendiger grüner Hintergrund leistet sie einen entscheidenden Beitrag, um das Ensemble als gekonnt technisch geprägte, aber auch wohnliche Architektur wahrzunehmen.

FRISCHLUFT-GALERIE Piet Mondrians Bestreben war es, in seiner Malerei die harmonische Beziehung zwischen Farbe, Linie und Fläche auf die reinste Weise auszudrücken. Daher beschränkte er sich auf die Grundfarben sowie die Mischfarben Schwarz und Weiß. Gemäldekunst dieser Art könnte zum idealen Motiv für eine Sichtschutzsituation verwendet werden. Die schnell erfassbare Grafik steht in einem spannungsvollen Dialog mit der umgebenden Natur und bietet eine hohe Fernwirkung. Ein Bildthema eignet sich daher auch zur Gestaltung größerer Garten- oder Parkräume, wo es immer ein lukratives Ziel ergeben würde. Selbstverständlich ruft ein beeindruckendes Objekt wie dieses auch nach einer angemessenen Lichtinszenierung. In diesem Fall sollten keine punktuell wirkenden Strahler, sondern eine gleichmäßige Flächenausleuchtung eingesetzt werden. Das Pflanzendesign kann hier nicht einfach genug sein, denn lebhafte Pflanzen könnten schnell in Konkurrenz zum Bild treten und den Betrachter unnötig ablenken. Dieser „Mondrian" baut seine überzeugende Wirkung eben auch deshalb auf, weil sich die feinen Linien der Ziergräser still zurücknehmen. Das hier verwendete Chinaschilf (*Miscanthus sinensis*) wird sich noch in die Breite entwickeln und dann ein geschlossenes Gräsermeer ergeben. So verwandelt sich der schlichte Gräsergarten in ein sanft wogendes Freilichtmuseum. Achten sie bei Chinaschilf aber immer genau auf die Sorten, denn es gibt sie alleine unter den etwa zwanzig bekanntesten Sorten in verschiedenen Wuchsgrößen von sechzig Zentimeter bis drei Meter Höhe.

Fotografie Marianne Majerus　Gartendesign Kathy Brown (England)　Garten The Manor House, Stevington, Bedfordshire (England)

Fotografie Marianne Majerus Gartendesign Tom Stuart-Smith (England) Garten Privatgarten, Hertfordshire (England)

FEINES BLECHLE Hier möchte ich Ihnen ein Material von ganz besonderem Liebreiz vorstellen: rostigen Stahl. Selbstverständlich geht es nicht um halb zerfallene Stahlfragmente, sondern um einen modernen Baustoff, dessen Eigenschaften ihn bereits zur festen Größe in der modernen Gartenarchitektur machten. Die Rede ist vom „Cor-Ten-Stahl".

Cor-Ten-Stahl ist ein sogenannter „wetterfester Baustahl", der ungeschützt verwendet werden kann. Gegenüber anderem Stahl bildet er unter seiner angerosteten Oberfläche eine dichte Sperrschicht aus, die den Rostvorgang nach mehreren Jahren nahezu stoppt. Warum? Im Stahlwerk mischte man ihm, als er noch kochte, unter anderem winzige Anteile an Kupfer und Chrom unter. Cor-Ten-Stahl entwickelt auch keine Rostabplatzungen und wird wegen seiner reizvoll warmen, rostbraunen Patina geschätzt. Seine dünnen Materialstärken erlauben sehr schmale Baumaße, vom Wasserbecken bis zur Beeteinfassung. Die große Stärke bleibt allerdings seine spezielle Farbtönung, die hinter Pflanzen mit intensiv hellen Laub- und Blütenfarben am besten wirkt. Meine Empfehlung sind lockere Pflanzen mit Wiesencharakter wie Schafgarbe (*Achillea filipendulina*), Zierlauch (*Allium*) oder Taglilie (*Hemerocallis*). Noch ein Tipp: Cor-Ten-Stahl leuchtet wunderbar orangerot als indirekte Leuchte. Aber davon erzähle ich später mehr. Schauen Sie noch einmal auf das Bild. Betrachten Sie die feinen Nuancen der samtig-schokobraunen Wand und wie sie in Eintracht mit dem frisch-grünen Japan-Berggras (*Hakonechloa macra*) elegant den Raum durchzieht. Es ist dieser Stahl.

FARBENLOGIK EN ROSE Hier gelang es, ein recht spektakuläres Gestaltungsthema von der Wand bis in die Bepflanzung hineinzutragen. Die Wandgestaltung wie auch die Pflanzung weisen zunächst einen gleichen farblichen Aufbau auf. Beide fußen jeweils auf einem dunklen Sockelband. Bei der Sichtschutzwand besteht der dunkle Sockel aus der Pflanzbeeteinfassung, die mit warmgrauen Schieferplatten verblendet wurde. Die Schieferflächen wurden in horizontalen Bahnen scharriert. Unter „scharrieren" wird die Bearbeitung mit einem speziellen Meißel, dem Scharriereisen verstanden, wobei der gezähnte Meißel die Streifen gleichmäßig aus dem Stein herausbricht. In der Pflanzfläche stellt das tiefrote Laub des Purpurglöckchens (*Heuchera*) den „Sockel" dar. Die Purpurglöckchen bilden eine imposante Staudengruppe mit überwiegend roten Laubfarben in allen erdenklichen Tönen. Oberhalb dieser Sockel wechseln bei der Wand wie auch bei den Pflanzen die Farben in Töne von Rosé bis Violett. Die Wand zeigt oberhalb der Pflanzfläche ein plastisches Schachbrettmuster aus Hellrosé und Purpur. Auf die roséfarben verputzte Rückwand wurden purpur eingefärbte Betonquadrate aufgeklebt.

Zur rechtwinkligen Formensprache der Wand stellt der Zierlauch wohltuend kontrastreich seine Kugelköpfe. Das kühle Violett des Zierlauchs (*Allium*) liegt irgendwo zwischen den Wandfarben. Das Laub des Zierlauchs entpuppt sich jetzt aber als wahrer Störenfried: Sein kräftiges Laubfroschgrün unterbricht hier die rosarote Farbenlehre – und das ist eigentlich auch gut so.

Fotografie Marianne Majerus Gartendesign Takumi Awai (Japan) Garten RHS Chelsea Flower Show (England)

47

TEAMWORK Wird ein Sichtschutz mit zusätzlichen Funktionen verknüpft, ergeben sich besonders nützliche Lösungen. Diese Wand erhielt gleich noch einen Sitzbereich mit interessanten Details eingebaut. Neben der augenfälligen Rückwandgestaltung als Kombination aus Naturstein und Holz wurde obendrein an eine schattenspendende Pergola gedacht, die somit auch Schutz nach oben gewährleistet. Der wichtige Aspekt hier: Die Pfosten der Pergola enden nicht auf dem Terrassenboden, sondern sie wurden in Pflanzbereiche integriert, die durch extra gestaltete Kübel dort geschaffen wurden. So werden sie nicht als im Weg stehend empfunden, sondern als Teil eines klugen Konzepts. Ebenfalls kann sich dadurch trotz des schattigen Wandbereichs eine üppige Pergolabegrünung von vorn aus entwickeln. Achten Sie in solchen Fällen jedoch darauf, dass die Hölzer in den Beeten nicht in ständigem Kontakt mit der feuchten Erde stehen. Holzpfosten sollten Sie daher niemals schlicht in den Boden führen, sondern immer über dem Erdboden enden lassen und an einen verzinkten Stahlschuh schrauben. Diese fachgerechte Verbindung lässt sich dann entweder fest in ein Fundament betonieren oder an die Kübelinnenwand montieren, sofern der Kübel stabil genug ist. Selbst mit einem relativ weichen Holz wie preiswerter Kiefer erhalten Sie dann eine ansehnliche Dauerhaftigkeit. So können Sie mit Ihrer geliebten Pergola kostengünstig so manche gemütliche Gartensaison verbringen.

DIE PERFEKTE WELLE Wer sagt eigentlich, dass Wände nur gerade sein dürfen? Bei dieser Betonwand handelt es sich um die Einfassung eines Themengartens, der sich in abstrakter Form mit Wasser auseinandersetzt. Wie eine mächtige Brandungswelle, die im Begriff ist, sich zu brechen, baut die sprichwörtliche Wasserwand hier einen „natürlichen" Sichtschutz auf. Gebaut wurde die Plastik aus speziellen Betonfertigteilen, die nach Auftrag einer zusätzlichen Flächenarmierung aus einem Kunststoffgewebe nochmals sorgfältig verputzt und dann gestrichen wurden. Selbstverständlich wäre eine solche skulpturale Wandgestaltung unangemessen aufwendig, wenn sie nur der Abgrenzung zum Nachbarn diente. Doch Sichtschutz lässt sich auch inmitten des Gartens realisieren. Und dort, wo ein verstecktes Plätzchen zum Faulenzen einladen soll, könnte das Objekt durchaus künstlerisch gearbeitet sein. Die Farben und Formen unterliegen dabei zunächst einmal keiner Beschränkung. Freilich zeigt sich aber auch hier erst in dem Vermögen, die Dinge in ihrem individuellen Zusammenhang zu sehen und in die Darstellung einzubinden, das kreative Potenzial des Gestalters. Besonders sei an dieser Stelle noch einmal auf die regional unterschiedlichen Witterungsbedingungen hingewiesen. Sie sind bei dauerhaften Bauwerken in jedem Fall vollständig zu berücksichtigen. Weiße Oberflächen und fehlende Abtropfkanten wie hier gelten in regenreichen Gebieten als doch sehr pflegebedürftig. Aber unbequeme Sachzwänge machen ja bekanntlich nur erfinderisch, und wo ein Wille ist, da geht am Ende auch eine richtig gute Welle.

Fotografie Modeste Herwig Gartendesign Nicholas Dexter (England) Garten The Witan Wisdom Garden, Chelsea Flower Show (England)

NAHZIEL OHNE FERNWEH Die mitunter bedrohliche Massigkeit eines hohen Sichtschutzes lässt sich offener gestalten, indem die Ansichtsfläche gegliedert wird. Diese Wand verdeutlicht das Prinzip: Zunächst erkennen Sie im Hintergrund die eigentliche Sichtschutzwand. Die gewöhnliche Betonwand erhielt durch einen Rauputz eine gleichmäßig verlaufende, samtige Struktur. Sie wurde dann in einem kräftigen Violett gestrichen, das später noch eine Rolle spielen wird. Davor stellt sich schräg eine Reihe flacher Stelen auf, die an einen überdimensionalen Lamellenvorhang erinnert. Der Blick wird so erst einmal gestoppt und müsste sich dann seinen weiteren Weg dazwischen hindurchbahnen – wenn das Interesse des Betrachters dann noch anhält. Was bei einem echten Lamellenvorhang funktioniert, klappt hier auch vor der Wand: Das Auge sieht die Lamellen, ahnt den Durchgang, fühlt sich freier und wendet sich entspannter anderen Zielen zu. Ein weiterer Kniff liegt in der Materialgüte der Lamellen. Sie sind mit Kupferblech verkleidet und erreichen so eine gediegene Anmut, was ebenfalls vom Hintergrund ablenkt. Die natürlich wirkende, patinierte Oberfläche des Kupfers stellt die passende Verbindung zur naturnah gehaltenen Bepflanzung des Gartens her und hier treffen wir im Vordergrund einen guten Bekannten wieder: Das warme Violett der Rückwand findet in den Pflanzen seine variantenreiche Entsprechung durch wunderschöne Kombinationen mit Apfel-Rose (*Rosa rugosa*), Sommer-Salbei (*Salvia nemorosa*) und Ehrenpreis (*Veronica longifolia*). Es gibt also auch ganz vorn bereits viel zu erleben …

ZARTE VERSUCHUNG Gerade kleine Sitzbereiche brauchen einen wirklich schönen Sichtschutz. Eine Herausforderung stellt dabei die Aufgabe dar, den ohnehin kleinen Platz optisch nicht noch weiter einzuengen. Der Architekt ging hier sozusagen den Weg des geringsten Widerstandes und wählte filigrane Hölzer in feinen Abständen. Das Ergebnis ist eine wie mit einem präzisen Tuschestrich gezeichnete, fast zerbrechlich wirkende Lamellenwand. Beachten Sie auch die Längsnuten in den Pfosten. Diese dezenten Details sind entscheidend für ein gutes Design. Mit bemerkenswertem Gespür für die richtigen Proportionen gelingt dem Planer hier eine elegante Lösung, die beides ist: transparent von innen und ausreichend blickdicht von außen. So erleben die Sitzenden den Außenbereich als attraktiven Zusatzwohnraum, ohne den Kontakt zum eigentlichen Garten zu verlieren.

Die ästhetische Wohnatmosphäre unterstreichen noch die komfortablen Outdoor-Sessel und die sorgfältig arrangierten Pflanzkübel in einem gedeckten Anthrazitblau. Sie tragen die Skimmien (*Skimmia japonica*) wie auf Objektsockel gesetzt. Bald werden sich die Immergrünen mit angenehm duftenden Blütenrispen in Hellrosé präsentieren. Für dieses gelungene Werk empfiehlt sich schon auch der Griff zu einem dauerhaft stabilen heimischen Holz wie Eiche und Robinie oder tropischen Qualitätshölzern wie Cumaru oder Ipé. Eine warme, grau-silberne Patina ist für alle charakteristisch. Solch einen einladenden Sitzbereich wird sich wohl jeder Gast gerne anbieten lassen. Ob er dann auch gerne wieder aufsteht?

DREI WÄNDE IM EINKLANG Eine interessante Herausforderung ist für Gartenarchitekten die Umplanung bestehender Gärten. In diesem Garten wurde ein zusätzlicher Sonnensitzplatz jenseits des Wasserbeckens gewünscht, was eine neue Sichtschutzlösung erforderte. Die sattgrün überwucherte Nachbarwand sollte erhalten bleiben, jedoch war zu dem geradlinig entworfenen Sitzplatz eine weitere Rückwand gefragt. Zur Verwendung kam hier das afrikanische Hartholz Padouk, das in breiten, waagerecht verlaufenden Dielen verbaut wurde. Padouk ist für sein anfänglich überdurchschnittlich starkes Auswaschen bräunlicher Gerbsäure bekannt. Während dieser mehrmonatigen Phase sollten empfindliche Textilien mit dem Holz nicht in Berührung gebracht werden. In Verlängerung der Rückwand wechselt mit Beginn der Rasenfläche auch der Sichtschutz auf ein Gras, das kompakt senkrechte Reitgras. Reitgras ist die ideale Wahl, wenn Ihnen nur eine Pflanzbeetbreite von maximal achtzig Zentimetern für Ihr Grasthema zur Verfügung steht. Die kerzenförmigen Blütenstände des Reitgrases (*Calamagrostis* × *acutiflora* 'Karl Foerster') leuchten bereits ab Juli in einem warmen Goldgelb. Wie alle Gräser wächst auch dieses in jedem Frühsommer wieder neu auf seine Endhöhe von etwa 1,50 m heran. Der in gestalterischer Hinsicht nicht immer unproblematische Materialwechsel innerhalb einer Sichtschutzsituation gelingt hier gut, weil die drei unterschiedlichen, aber klar strukturierten Wandabschnitte in Abstimmung mit den jeweiligen Belagsflächen zu einer ausbalancierten Farbcollage aus grünen bis bräunlichen Tönen zusammenfinden.

ARIZONA SUNSET Das Gestaltungspotenzial von Wandflächen ist unermesslich groß und wird doch selten ausgeschöpft. Schon die einfache Böschungswand erlaubt vielfältigste Ausdrucksformen, selbstverständlich immer nur im Kontext zur Umgebung. Struktur und Farbe sind zwei maßgebliche Stellschrauben, um einem Ort einen individuellen Charakter zu verleihen. Die sonnig-orangefarbene Wand auf diesem Bild inszeniert die Stimmung eines Sonnenuntergangs am Pool einer urbanen Wüstenoase. Ihre minimale Struktur erhält sie durch die sparsame Platzierung und symmetrische Anordnung einzelner Ausstattungsteile wie dem zentral angeordneten Kamin. Die Zwillingspaare „Pflanzkübel mit Wandleuchte" lenken die Raumwahrnehmung in die Breite und definieren den Sitzplatzbereich. Die Gräser (*Festuca mairei*) wahren die architektonische Grundhaltung des Sitzbereichs, ergänzen ihn aber gleichzeitig durch weiche Formen. Ein leichtes Lichtspiel schaffen die Downlights an der ruhigen Wandfläche. Sie markieren den Sitzplatz im Dunkeln. Nicht zu vergessen ist der grüne Hintergrund. Er schenkt der Terrasse die vitale Ausstrahlung einer sommerlichen Oase. In nördlichen Regionen wären dafür sicherlich immergrüne Pflanzen wie die mediterran anmutende immergrüne Magnolie (*Magnolia grandiflora* 'Galissonière') eine erste Wahl. Doch beachten Sie bitte: Ohne einen wohlgestalteten Hintergrund und mindestens einige zusätzliche Lichtelemente mehr würde ein solches Sommerbild in den grauen Wintermonaten nördlicher Gefilde schnell zu sehr verblassen und könnte dann kein Herz erwärmen.

Fotografie Steven Gunther Gartendesign Steve Martino (USA) Garten Privatgarten, Kalifornien (USA)

HISTORISCHE AMBIENCE Sicherlich zu den anspruchsvolleren Herausforderungen gehört wohl die Planung von historisch anmutenden Gärten, die den Geist eines alteingewachsenen Parks ausstrahlen sollen. Um so wertvoller sind daher alte Gärten und schon die Erhaltung eines einfachen historischen Mauerfragmentes kann lohnenswert sein. Die gelungene Reaktivierung einer vorhandenen alten Gartensituation ist hier zu besichtigen. Bis auf die Mauer ist alles behutsam neu angelegt worden, wobei die Wasserelemente, also der Wandbrunnen und der Faunskopf als Speier, aus dem Fundus eines Händlers für historische Baustoffe stammen. Historische Baustoffe könnten in vielen Gärten als individuelle Einzelstücke zu einer Bereicherung beitragen, denn sie umweht ebenfalls der patinierte Charme der Geschichte. Neben Objekten wie schmiedeeisernen Toren und Laternen finden sich bei den spezialisierten Händlern auch rustikale Baumaterialien wie gebrauchte Holzbalken, die in Verbindung mit modernen Bauteilen verblüffend ästhetische Lösungen versprechen. Die neuen Gartenteile hier folgen indes klassischen Vorbildern. Die formalen Heckenkörper zitieren das italienische Buchsparterre, das bis heute in den britischen Knot-Gardens fortbesteht. Ein kleines, aber erwähnenswertes Detail bieten die Eibenhecken, die den Brunnen in symmetrischer Anordnung begleiten. Die Heckenoberkanten enden etwa zehn Zentimeter unterhalb der Mauerkrone und bilden dort eine Staffelung aus. So bleibt die ursprüngliche Gartenmauer auch weiterhin als wahrer Abschluss dieses wunderschön romantischen Gartens sichtbar.

SCHÖNES BLENDWERK Wie das Leben so spielt, entpuppen sich die Dinge mitunter schon einmal anders, als sie zunächst erscheinen. Bei Mauern kann das allerdings von Vorteil sein. Denn eine mit Natursteinplatten verblendete Betonmauer ist oft die sinnvollere Entscheidung, wenn die wirtschaftliche Erstellung einer Natursteinwand gewünscht ist. Im Unterschied zu einer Vollmaterial-Natursteinwand kann das Verblendmauerwerk nämlich durch eine entsprechende Stahlarmierung eine genau berechenbare statische Sicherheit bieten – und dies bei einer relativ schmalen Wandstärke von etwa 20 cm. Dadurch eignet sich diese Bauweise für freistehende Mauern wie auch Böschungsstützmauern in jeder benötigten Höhe. Normal erstellte Natursteinmauern könnten je nach Höhe schnell eine Breite von 50 cm und deutlich darüber erreichen.

Gestalterisch sind dem Planer bei Verblendmauerwerk kaum Grenzen gesetzt. Als Verblender eignet sich nahezu jede im Steinhandel erhältliche, frostsichere Natursteinplatte, da dieses Material keinerlei statische Aufgaben mehr zu erfüllen hat. So können auch völlig freie Verlegebilder realisiert werden wie auf dem Beispielbild. Hier wurden polygonale, also vieleckige, Schieferplatten zu einer ansprechenden Wandgrafik verarbeitet.

Sehr eindrücklich zeigt dieses Beispiel auch anhand der vor die Wand gepflanzten Kiefer, wie graue Farbtöne die Wirkung frischen Grüns verstärken. Damit Platten der hier verwendeten Größe und Mauerhöhe auch bei einem Schadensfall nicht zum Risiko werden, empfiehlt sich die Setzung von Mauerankern. Sollte sich eine Platte über die Jahre trotz fachgerechter Befestigung mit einem geeigneten Steinkleber lösen, würden die Maueranker verhindern, dass die Platte herunterstürzt. Bei Natursteinverblendungen empfiehlt sich als Fugenmörtel der etwas teurere Trasszement, um Kalkausblühungen so gering wie möglich zu halten.

RISSE IN DER VERBLENDUNG VERMEIDEN

Verblendmauerwerk benötigt eine besonders stabile Fundamentierung, da spätere Setzungen zu unkontrollierbaren Setzungsrissen in der Verblendung führen können. Neben den üblichen Vorgaben wie der setzungsfreien Verdichtung der Fundamentgräben und einer frostsicheren Bodentiefe von 80 cm sollte daher in die Betonfundamente eine zusätzliche Armierung aus Baustahl eingebaut werden.

Bei der Verwendung von Fertigbauteilen als Betonmauer empfiehlt sich eine zusätzliche Flächenarmierung auf der künftigen Ansichtseite der Wand. Diese kann aus einem speziellen Glasfasergittergewebe bestehen, das mit einem Armierungsmörtel überputzt wird.

Fotografie Modeste Herwig Garten Tuinen van Appeltern (Niederlande)

GESCHICHTE UND ZUKUNFT In Wohngebieten mit historischer Substanz stellt sich immer die Frage des Umgangs mit den vorhandenen Strukturen. Altes Gemäuer ist von kulturellem Wert und eignet sich hervorragend, um als attraktives Element mit viel Persönlichkeit in eine neue Gestaltung einbezogen zu werden. Doch dort, wo Mauerwerk zu unansehnlich wurde, bedarf es einer anderen Lösung. Mit einem zeitgemäßen Material kann die Wand auch kaschiert werden. Selbstverständlich sollte man die alte Ziegelwand nicht einfach komplett verdecken. Hier wurde eine durchgängige Neugestaltung mit Lattenpaneelen durchgeführt, um unter anderem auch die störenden unterschiedlichen Höhenstufen der dahinterliegenden Mauer auszublenden. Durch die Transparenz der Lattung und durch die Freilassung der Klinkerpfeiler bleibt die Aura des historischen Ziegelmauerwerks jedoch weiterhin präsent. Gleichzeitig dient die ruhige Querlattung als Gerüst für angebundene Kletterrosen. Damit Kletterpflanzen wie Rosen sich selbstständig und dicht an den benötigten Gerüsten emporwinden, wären jedoch die Lattenabstände untereinander, aber auch der Abstand des Gerüstes von der Ziegelwand, größer zu wählen.

Umfangreichere Sonderanfertigungen wie diese Wandelemente sollen selbstverständlich lange erhalten bleiben. Einige bautechnische Maßnahmen, mit denen sich die Schwachpunkte von Holz im Außenbereich gut kontrollieren lassen, verlängern seine Haltbarkeit deutlich. Wenn Sie Holz fachgerecht, also mit ökologischer Vernunft, einsetzen wollen, sollten Sie sich für den „konstruktiven Holzschutz" interessieren. Dann hat auch Ihre Holzkonstruktion gute Chancen, vielleicht einmal selbst als „historisch" bezeichnet zu werden.

KONSTRUKTIVER HOLZSCHUTZ

Schädlich für Holz ist Feuchtigkeit, die Lebensgrundlage von Pilzen und Mikroorganismen. Die wichtigsten Grundregeln sind erstens die Vermeidung des direkten Kontaktes von Holz mit feuchten Böden und zweitens die möglichst schnelle Abtrocknung von nass gewordenem Holz:

- Holzelemente mit Isolier-Noppenfolie gegen seitliche Bodenfeuchtigkeit schützen
- Holzpfosten 10 cm über dem Boden an einen verzinkten Stahlanker montieren, der Stahlanker wird dann einbetoniert
- Kopfflächen von Pfosten entweder leicht abschrägen oder besser noch mit einer Blechhaube abdecken – so kann dort nur wenig Wasser in die Pfosten einsickern
- Holzkontaktflächen, wie sie bei Pergolen oder Decks entstehen, möglichst klein halten; gezielt so bauen, dass in Ecken und Nischen wenig Wasser stehen bleibt und eine gute Hinterlüftung gewährleistet ist.

JUNGES LEBEN MIT ALTEN MAUERN Noch nicht wirklich als geschichtsträchtig zu bezeichnen, aber durchaus schon mit dem Flair vergangener Zeiten behaftet ist diese Sichtschutzwand in einem innerstädtischen Wohnquartier. Vermutlich nicht zum ersten Mal hatte die Mauer sich auf neue Bewohner einzustellen. In diesem Fall wurde sie sogar zum Eyecatcher in einer jungen Galerie erkoren. Das Ergebnis ist dementsprechend: Eine kraftvolle Wandfarbe signalisiert Optimismus und Experimentierfreude, respektiert aber auch die bereits gelebten Strukturen. Die Mauer wurde vor dem Anstrich lediglich gesäubert und bewusst nicht weiter ausgebessert, sodass die Fugenverläufe und Mörtelabplatzungen als Wandmuster sichtbar blieben. Doch ist auch Raum für Neues. Die mobilen Pflanztröge bestehen aus einem modernen, durchgefärbten Kunststoff, welcher helle Farbtöne erlaubt, die wie hochglänzend lackiert wirken und dennoch pflegeleicht sind. Ein integriertes Erdbewässerungssystem erleichtert die Kontrolle und verlängert die Wässerungsintervalle. Die eingepflanzten Kiefern eignen sich bei regelmäßigem Rückschnitt als robuste Kübelpflanzen. In dem ungewohnten Kontext muten sie plötzlich regelrecht exotisch an. Dass der Gestalter in der Sicht auf die Dinge geübt ist, wird auch an der rhythmischen Übereinstimmung zwischen Pflanzung und Gemäldepräsentation deutlich. Die Farbkomposition aus Weiß und Violett findet sich zusammen mit dem Pflanzengrün im gesamten Innenhof wieder und sorgt so für ein harmonisches Miteinander – an diesem Ort der gemischten Stile und Lebensentwürfe.

Fotografie Modeste Herwig Gartendesign Robert Myers (England) Garten Chelsea Flower Show (England)

PUNKT, KOMMA UND STRICH ... Es sieht einfach aus:
In federleichten Bögen schwingt der Stift über die Leinwand, als hätte ein routinierter Flieger gerade seine Pirouetten frei in den Himmel gemalt. Nur wenige, jedoch gut platzierte Gesten genügen hier, um diese Wand in ein elegantes Gestaltungselement zu verwandeln. Was Sie hier sehen, ist eine minimierte Fassung der klassischen Stuckarbeit. Zuvor muss jedoch der Untergrund aufgestellt werden und das erfordert eine stabile Mauer auf einem setzungsfreien Betonfundament mit Stahlarmierung. Das eigentliche „Zeichenblatt" bildet ein Armierungsgewebe aus weitmaschigen Textilglas-Gitternetzen, die in eine ausreichend bemessene Oberputzschicht eingedrückt werden. In den noch frischen Putzmörtel wird jetzt auch sofort die Grafik hineingearbeitet. Um solche perfekt geschwungenen Verläufe zu erzielen, sind allerdings zuvor angefertigte Schablonen und Negativformen nötig, die dann in zügiger Arbeitsweise das gewünschte Muster ergeben. Hobby-Stukkateure sollten sich vielleicht zunächst an einfacheren Bildern aus geraden Linien versuchen.

Damit die Säuberung der Grafiknischen später nicht zu pflegeaufwendig wird, wäre eine solche Wandgestaltung idealerweise nach Süden auszurichten und besser mit einem leicht gedeckten Hellgrau auszumalen. Die Bepflanzung besteht entlang der Wand aus der Japan-Stechpalme (*Ilex crenata*), hier in lockerer Wolkenform geschnitten. Ihr kompaktes Grün eignet sich ideal, um das Wandbild still zu begleiten. Eigentlich bedauerlich, dass nicht auch so manch anderes Graffiti eine ähnliche Ausstrahlung erreicht ...

FETTE BEATS Solides Grundkonzept, klarer Rhythmus, satte Farbenklänge und wohlplatzierte Wiederholungen – in diesem Garten kommt direkt Tanzstimmung auf, zumindest auf seinem feuerroten Parkett. Doch ernsthaft: Individuelle Gärten haben die unterschiedlichsten Gesichter, denn kreativ gestaltet sind sie immer auch ein persönlicher Spiegel ihrer Nutzer. Dieser Garten zeigt unabhängige Lebensfreude pur – und lässt keinen Zweifel daran, dass selbst bei kleinen Budgets draußen was geht. Sehr wichtig ist jedoch bei aller Leichtigkeit: Auch dieser Garten ist ein Garten. Seine pflanzlichen Akteure sind ganz normale Lebewesen und benötigen regelmäßige Zuwendung, sonst verkümmern sie.

Die Materialien hier sind einfacher Art. Sie passen zum improvisierten Charakter des Gartens und verleihen ihm etwas Temporäres. Die Dinge lassen sich also bei Bedarf unkompliziert verändern – ungefähr so wie in einer bunt zusammengewürfelten WG, wenn die Party dann leider wieder vorbei ist.

HIER NOCH KURZ DIE BAUANLEITUNG

- Gelände abräumen und 20 cm tiefer ausplanieren
- Zaun aus gehobeltem Kiefernholz setzen und zweimal lackieren
- Eichenbohlen als Geländestufen waagerecht auf 20 cm Kiesschicht setzen und innen verschrauben
- Oberboden einfüllen, im Rasenbereich 5 cm tiefer bleiben und feinkrümelig ausplanieren
- Kunststofffliesen waagerecht in eine 4 cm Sandschicht setzen
- Rollrasen verlegen, anwalzen, durchdringend wässern und in den folgenden 21 Tagen feucht, aber nicht nass halten, bis er festgewachsen ist
- Pflanztröge bepflanzen mit Lampenputzergras (*Pennisetum alopecuroides* 'Hameln')

PLATEAU À LA CORNICHE Nein, dieser sonnenverwöhnte Badegarten liegt nicht an der berühmten Küstenstraße vor der Küste Südfrankreichs, sondern im gemäßigten Klima des rheinischen Siebengebirges. Hier platzierte sich das mediterran anmutende Spa mit Swimmingpool und separatem Außenwhirlpool in einem lang gestreckten Südhang. Die gestufte Sichtschutzwand fängt das teilweise höher liegende Nachbargelände auf und hält gleichzeitig auch die Windböen vom Poolbereich fern. Das Stufensystem aus hellen Kalksteinblöcken bindet die einzelnen Ebenen in das Gelände mit seinen verschiedenen Anschlusshöhen ein. Für die Wandverblendungen fiel die Wahl auf den israelischen Jerusalem Stone. Sein besonders warmes Farbspiel reicht von Sandbeige bis Honiggelb. Verlegt wurden die Steinplatten im Römischen Verband. Dabei werden Steine verschiedener Größenformate in einem vorgegebenen Verhältnis kombiniert. Die stark strukturierten, bruchrauen Verblenderflächen bilden einen spannungsvollen Kontrast zu den feiner geschliffenen Blockstufen. Die urigen Wandflächen sorgen auch bei der Abendbeleuchtung für wunderschöne Effekte. Wenn Sie genauer hinschauen, erkennen Sie, dass die Treppenführung, die Wandabstufungen und die Poolausrichtung bestimmten Symmetrieachsen folgen. Den Swimmingpool umfasst ein großzügiges Sonnendeck aus Cumaruholz. Das unsichtbar verschraubte Qualitätsholz ist barfußfreundlich, denn es bildet nur wenig Splitterfasern. Alle Pflanzinseln wurden mit einer regelbaren Tropfbewässerung ausgestattet und an ein unterirdisches Drainagesystem angeschlossen. Sonnenverträgliche Gräser und zwei gelbe Pfitzer-Wacholder (*Juniperus pfitzeriana* 'Aurea') als Pool-begleitende, edle Formgehölze finden so gute Standortbedingungen vor. Auch die aromatischen Pflanzen wie Thymian und Lavendel können sich optimal entwickeln und unterstützen das provenzalische Ambiente mit südlichen Düften. So steht dem nächsten Kurztrip in das Urlaubsparadies vor der eigenen Terrassentür eigentlich nichts mehr im Wege. Bon Voyage!

KLEINES TREPPEN-EINMALEINS

Grundgesetz: In einem Stufensystem weisen alle Stufen die exakt gleiche Höhe auf und werden zwecks Entwässerung um ca. 10 mm nach vorn gekippt eingebaut.

Bei der Treppenberechnung wird die Gesamthöhe durch die künftige Stufenhöhe dividiert. Die vollen Werte ergeben die Stufenanzahl, der Restbetrag wird auf das Entwässerungsgefälle bei Zwischenpodesten verteilt. Das gängige Stufenmaß beträgt im Außenbereich 15 cm Höhe bei 32 cm Tiefe. Es kann bis auf optisch elegantere H 11 cm und T 40 cm abgeflacht werden, benötigt dann aber auch mehr Platz aufgrund des länger gestreckten Treppenkörpers.

AST-MIKADO Für die Leserinnen und Leser unter Ihnen, die Anregungen zur kreativen Eigenleistung suchen, könnte dieses Beispiel interessant sein. Äste und Stämme von zwei verschiedenen Baumarten wurden auf einer Wandfläche befestigt. Dabei wurden die Zwischenräume möglichst gleichmäßig gehalten. Die Äste erhielten zuvor einen Anstrich in einem warmen Purpurton, die Stämme blieben unbehandelt. Da es sich bei dem Beispiel um eine temporäre Installation handelt, ist sie nur bedingt alltagstauglich.

Daher habe ich hier im Kasten rechts eine witterungsbeständige Alternatividee für Sie. Eine Variante beziehungsweise eine Erweiterung wäre es, die Stangen übereinandergekreuzt zu montieren. Eine solche Anordnung wirkt natürlich viel plastischer. Diese Strukturen eignen sich ebenfalls gut für eine lebendige Lichtinstallation, indem Sie die Stäbe hinterleuchten. Die Verlegerichtung der Hölzer kann straff geordnet erfolgen oder aussehen, als seien sie rein zufällig so gefallen – ungefähr so wie bei dem berühmten Geschicklichkeitsspiel mit den verschiedenfarbigen Stäbchen. Wie heißt es doch noch gerade?

Material: knorrige, geschälte Robinienstämme D 10 cm, Bambusstangen D von 3 bis 8 cm. **Grafikidee:** Probieren Sie zeichnerisch freie Verlegemuster auf dem Papier aus. Danach testen Sie die Idee real, indem Sie die gewünschten Anordnungen etwa auf zwei Meter Länge auf dem Boden auslegen. **Farbgebung:** Je nach Geschmack und Umgebung könnten Sie sich für peppige Kontraste oder warme Erdtöne entscheiden. Als Anstrich eignen sich alle Lacke und Holzlasuren. **Unterkonstruktion:** Auf die Wand dübeln Sie imprägnierte Latten waagerecht verlaufend als Unterkonstruktion, Materialstärke mindestens 4 cm, Höhenabstand etwa 100 cm. **Montage:** Auf die Unterkonstruktion werden die Gestaltungselemente mit Holzschrauben befestigt. Wichtig ist, die Elemente vorzubohren, denn schräge Schraubenköpfe sehen immer amateurhaft aus. Eventuell sollten Sie auch die Schraubenköpfe anstreichen. Je weniger von der Lattung später noch zu sehen ist, desto besser haben Sie gearbeitet. **Sonstiges:** Anders als auf dem Bild sollten Sie Ihre Wandskulptur mindestens 5 cm über dem Boden enden lassen, damit sie keinen Kontakt mit dem feuchten Boden hat.

75

Fotografie Modeste Herwig Gartendesign Ian Dexter (England) Garten Hampton Court Flower Show (England)

Fotografie Modeste Herwig   Gartendesign Ellen Knoeff (Niederlande)   Garten van Nunen (Niederlande)

SCHÜTT-GUT Steinkörbe, auch Gabionen genannt, haben eine lange Tradition. Bereits im Mittelalter waren Schotterkörbe aus Weidengeflecht zur Stabilisierung von militärischen Wällen bekannt. Im modernen Landschaftsbau wurde die rationalisierte Herstellung des Drahtschotterkorbes zum wirtschaftlichen Einsatz von Schüttgütern für den Bau größerer Natursteinwände entwickelt. Heute ist die Gabione auch als Gestaltungselement im Privatgarten etabliert. Ihren ästhetischen Reiz bezieht sie aus der Verbindung des technisch wirkenden Drahtkorbgeflechts mit der archaischen Anmutung gebrochenen Natursteins. Als Füllung dienen Steine aller Größen und Formate bis hin zu schmalen Platten. Für ein anspruchsvolles Wohngartenambiente empfehle ich die sorgfältige Befüllung der Körbe mit ausgewählten Steinen vor Ort, um gestalterisch überzeugende Ansichtsflächen zu erhalten.

Gabionen eignen sich in Kombination mit Holzauflagen auch sehr gut als Sitzgelegenheit, ihre Bauhöhe von 50 cm ist ideal dafür. In einer schmalen Ausführung von etwa 15 cm Tiefe sind sie als Verblendungsteil an unansehnlichen Betonwänden montierbar.

Da die klassische, aufeinandergestellte Gabione als sogenannte Schwergewichtsmauer ihre Stabilität allein aus ihrem hohen Eigengewicht bezieht, benötigt sie – in Abhängigkeit zur Wandhöhe – eine bestimmte Wandtiefe. Diese liegt in der Regel bei 50 cm. Solche Elemente können also deutlich mehr Gartenfläche in Anspruch nehmen als eine herkömmliche Gartenmauer. Neue Systeme aus stabileren Stahlstäben gleichen diesen Nachteil jetzt aus, indem schmale Schotterkörbe von nur noch 25 cm Tiefe entwickelt wurden. Diese als Zaungabionen bezeichneten Schotterwände benötigen etwa alle 2,50 m eine gut fundierte Wandsäule aus Beton zur Stabilisierung.

SCHOTTERGABIONEN SIND KEINE TROCKENMAUERN

Die Vorderseiten steingefüllter Gabionen haben auch an Böschungen keinen direkten Erdkontakt und besitzen damit keine natürliche Wasserversorgung. Für eine Bepflanzung mit Stauden wie bei der klassischen Trockenmauer ist die Gabione daher eher ungeeignet.

QUALITÄTSUNTERSCHIEDE BEI SCHOTTERGABIONEN

Für ein überzeugendes Design kommen nur solche stabilen Drahtkörbe in Frage, die eine absolut wölbungsfreie Ansichtsfläche und ein fluchtgerechtes Fugenbild ermöglichen. Achten Sie auch bei den Verbindungen der feuerverzinkten Stahldrähte auf Qualität: An den Korbkanten sollten die Drähte zu gleichmäßigen Schlaufen gebogen sein, da von nach außen abstehenden Drahtenden eine Verletzungsgefahr ausgeht.

COLOR-MINIMALIST Die Garagenwand des Nachbarn ist gewöhnlich ein leidiges Thema und es gibt die unterschiedlichsten Ansätze, um eine solche Wand zu kaschieren und sie möglichst unauffällig in die Gartengestaltung einzubinden. In diesem Fall wurde der Wand die einfache Aufgabe eines Hintergrundes zugeteilt. Das wäre so noch nichts Neues. Interessant ist allerdings an diesem Hintergrund, dass er durch eine leuchtende Farbe nicht versteckt, sondern sogar hervorgehoben wird. Entscheidend sind dabei natürlich die beiden mobilen Kaminelemente Ofen und Holzlager. Sie positionieren sich effektvoll vor der popig-grünen Wand und können vor diesem Kontrast ihr gedecktes Schwarz wiederum regelrecht erstrahlen lassen. Dank ihres Formats füllen die Stahlobjekte den Raum vor der Wand so gut aus, dass jeder weitere Zusatz zu viel wäre. Die einfache, klare Stilform dieser Einzelstücke findet ihre Fortführung in den übrigen Elementen wie Wasserbecken und Pflanzung. Das feuerverzinkte Stahlblech des Beckenrandes findet sich wie zufällig auch in der oberen Wandeinfassung. Die Entscheidung für lediglich eine Gräserart, das sehr locker fallende Pfeifengras (*Molinia caerulea*), verleiht dem Gartenbereich Ruhe und Konzentration. Zwar fesselt das plakative Signalgrün der Wand erst einmal den Blick, ordnet sich als Grünton unter anderen Grüntönen aber dann doch in das insgesamt stille Farbenspiel des Gartens ein. Der minimalistische Grundsatz der gezielten Verwendung ausgewählter Elemente wurde so auch in der Farbenwahl weitergeführt.

Fotografie Modeste Herwig Garten Tuinen van Appeltern (Niederlande)

Fotografie Marianne Majerus Gartendesign Paul Cooper (Kanada) Garten Privatgarten, London (England)

KREATIV-WORKSHOP Zumeist variieren Wände in der Gestaltung ihrer Oberflächen. Doch Mauern können mehr. Auch in der Wandtiefe steckt gestalterisches Potenzial. Sicherlich standen bei der Planung dieses Sichtschutzes, wie es in der Regel üblich ist, zunächst praktische Überlegungen zur besseren Nutzung der kleinen Dachterrasse im Vordergrund. Doch dann müssen sich der Bauherr und sein Planer irgendwie zunehmend für außergewöhnliche Ideen begeistert haben und integrierten wohl schließlich die besten Ergebnisse in diese Wand, die ein wenig einem spontanen Patchwork gleicht.

So finden sich hier überraschende Einzellösungen wie die zusätzlichen, aus der Wand herausklappbaren Sitze, deren Rückwände dann mit Spiegelflächen ausgekleidet wurden. Erst bei genauerer Betrachtung entlarven sich die ungeahnten Wanddurchblicke als optische Täuschung oder je nach Standpunkt auch als eigenes Spiegelbild.

Hundert Prozent echt ist hingegen der sattgrüne Bambus (*Fargesia murielae*), der zwei extra geschaffene Nischen ausfüllt. Die wie zufällig platziert wirkenden Mauerrücksprünge sind zudem mit einer indirekten Abendbeleuchtung ausgestattet. Damit die Bambustöpfe auch bei Wind ihre Fensterplätze nicht verlassen, wurden sie jeweils mit einem leichten Balkongitter aus Edelstahl gesichert. Diese sind den Steigeisen rechts im Bild nachempfunden, über die sich auch die zweite, obere Dachfläche erklimmen lässt, wenn das obere Pflanzbeet zu jäten ist.

Um auch den akustischen Sinnesgenuss zu sichern, wurde hinter die weißen Blenden in der Wand ein Lautsprechersystem installiert. Für die dafür erforderlichen Leitungen sind bereits beim Wandrohbau Kunststoffleerrohre vorzusehen.

Geräusche ganz anderer Art liefert der einfallsreich abgestufte Wasserfall in der Mitte der Wand. Damit das Wasser in den seitlich versetzten Wandausschnitten nach unten fließt, ist es mit nicht ganz unerheblichem Technikaufwand an der gesamten Fensterunterseite aufzufangen und zur Seite abzuleiten. Bevor es im nächsten Fenster wieder gleichmäßig nach unten laufen kann, muss es oben über die gesamte Breite verteilt werden. Alle wasserführenden Teile und Wandanschlüsse verlangen selbstverständlich absolute Dichtigkeit. Aber jetzt berühren wir schon das Thema Wassertechnik und darüber erzähle ich Ihnen ja noch an anderer Stelle mehr.

Im Ergebnis entstand so eine humorvolle und vielschichtige Wandgestaltung, die als bunter Ideen-Schmelztiegel seinem Besitzer sicher immer wieder neu einen Riesenspaß bereiten dürfte – und ihn vielleicht auch hier und da zu einem neuen Einfall inspiriert …

TANZ AUS DER REIHE Zugegeben, es ist eine eher ungewöhnliche Mauer, doch sie zeigt im Gartenraum sofort Wirkung. Eindrucksvoll demonstriert diese Sichtschutzwand die Variationenvielfalt beim Thema Mauer. Selbst ein eher klassisches Material wie Ziegel bekommt plötzlich etwas Humorvolles und Ungezwungenes. Selbstverständlich muss sich ein geschwungener Mauerverlauf nicht zwangsläufig über eine gesamte Seite erstrecken. Reizvoll kann auch ein einmaliger Bogen in einer ansonsten geraden Wand hervorstechen. Auch das auffällig weiß gestrichene Obstspalier schwingt mit und nutzt die Buchten als Standpunkte für Weinbergpfirsich. Dieser Pfirsich gedeiht in den geschützteren Lagen des Weinbauklimas oder einer geschützten Sonnenterrasse und beschert dort unzählige, schmackhafte Früchte.

Ein interessantes Baudetail sehen Sie im unteren Bereich der Wand. Ziegelmauern benötigen ein Betonfundament, da der saugstarke Ziegel zu viel Bodenfeuchtigkeit aufnehmen und diese wie bei einem Löschpapier nach oben leiten würde. Aus dem Grunde benötigt auch jede Mauer eine Trennschicht, um die kapillar aufsteigende Bodenfeuchtigkeit zu stoppen. Zu diesem Zweck wird auf die Fundamentoberkante der Mauern immer eine Lage Bitumenpappe verlegt. Ziegelmauern benötigen aber ebenfalls einen Feuchtigkeitsschutz nach oben. Daher sollten Ziegelwände idealerweise mit einer leicht überstehenden Abdeckung aus Zinkblech oder einer Steinplatte abschließen. So kann das Niederschlagswasser ohne jeglichen Mauerkontakt abtropfen – egal welche Haken diese Mauer noch schlägt.

83

Fotografie Modeste Herwig   Garten Ridderhofstad Hindersteyn, Langbroek (Niederlande)

Fotografie Modeste Herwig Gartendesign Biesot Design (Niederlande) Garten Bart Biesot (Niederlande)

KLEINER ABSTAND, GROSSE WIRKUNG Massive
Wände verlieren sofort ihre einengende Verschlossenheit, wenn sie minimal geöffnet werden. Dieser Sichtschutz in einem Vorgarten gewährleistet genügend Blickschutz von der Straße aus, wehrt aber Besucher auch nicht schroff ab. Ein gelungenes Detail ist an dieser Wand auch der Wechsel bei den Elementbreiten. Während die Abstände zwischen ihnen gleichmäßig durchlaufen, geht das letzte rechte Wandsegment einen anderen Weg. Es weist eine doppelte Breite auf und reagiert damit auf den ebenfalls breiteren Abstand rechts, der den Garteneingang darstellt. Hervorgehoben wird der Garteneingang noch durch ein flaches Holzdeck, das als Eingangspodest zu überschreiten ist, um den Garten offiziell zu betreten. Das Holzplateau umfasst gleichzeitig auch das seitliche Wandelement. So verweben sich die einzelnen Teile zu einem Gesamtdesign. Aus dem Garteninneren rankt Wein über die taubenblaue Wand, was sich gleich sehr belebend auf das Gesamtbild auswirkt. Beachten Sie, das auch hier jedes Wandsegment mit einer Abdeckplatte versehen wurde. Regenwasser kann so an den Plattenkanten abtropfen. Damit das Regenwasser dort auch tatsächlich die Platte verlässt und nicht an der Plattenunterseite doch zur Wandfläche kriecht, werden die Plattenunterseiten vom Steinmetz noch einmal umlaufend eingekerbt. Dort tropft das Wasser dann sicher ab. Der Plattenüberstand von Abdeckungen beträgt in der Regel nicht mehr als drei Zentimeter von der Wandaußenkante. Dieses Maß genügt, um schmutzige Ablaufspuren auf den Wandflächen zu verhindern.

KLEINE AUGENWEIDE Selbst bei allerkleinsten Budgets muss die unansehnliche Sichtschutzwand im kleinen Stadtgarten nicht als unabänderliches Schicksal hingenommen werden.

Wie auch bei diesem Bild ist die Entscheidung für etwas Farbe im Garten immer eine gute Wahl. Das gilt insbesondere dann, wenn eine unansehnliche Mauerfläche die schlechtere Alternative wäre. Hier wurden vor Zeiten ein nicht mehr benötigter Hofdurchgang und ein Kellereingang mit einfachsten Betonsteinen zugemauert.

Irgendwann wurde dann dem inzwischen zugewucherten Hof eine kleine Parzelle vor der Wand abgerungen, mit stabilen Balken eingefasst und als Kiesbeet gestaltet, in dessen Zentrum heute eine Palmlilie (*Yucca filamentosa*) gedeiht. Achten Sie beim Auftrag des Kiesmaterials auf die Einbaustärke. In begehbaren Bereichen wird eine Kiesschicht von mehr als 3 cm Stärke bereits als sehr weich empfunden. Eine trockene Schottertragschicht von etwa 20 cm Stärke sollten Sie darunter aber in jedem Fall vorsehen, da diese eine Keimung unerwünschter Kräuter im Kies noch am erfolgreichsten einschränkt.

Bei der Rückwandgestaltung fiel die Wahl hier auf lebhafte Farben, um eine junge Atmosphäre in den Hof zu bringen. Die Einzelflächen erhielten dabei unterschiedliche Farbtöne zwischen purpur und violett, die das sympathische Mini-Stillleben zu einem farbenfrohen Hingucker werden lassen.

VERPUTZ VON AUSSENWÄNDEN

Wenn eine Wand Löcher oder große Risse aufweist, sollte sie vor einem Farbanstrich verputzt werden. Ein dunkler oder scheckiger Untergrund kann die Intensität insbesondere hellerer Wandfarben beeinträchtigen und bedarf daher ebenfalls einer Vorbereitung wie Verputzen. Der Putzvorgang erfolgt in der Regel in den zwei Schritten „Grundputz" (Dickschicht) und „Oberputz" (Dick- oder Dünnschicht möglich). Zur Vermeidung von Spannungen im Putz sind beide Putze aus derselben Mörtelgruppe (z. B. P II Kalkzementmörtel) herzustellen. Um die Bildung von Rissen im Putz zu verhindern, kann die Einarbeitung von Textilglasgeweben als Flächenarmierung erforderlich sein. Die gängigsten Putzarten für unterschiedliche Oberflächeneffekte sind:

- Edelputz (einheitliche Struktur mit gleichmäßiger Körnung)
- Glattputz (glatte Oberfläche durch feinere Körnung)
- Reibeputz (strukturierte Oberflächen durch gleichmäßiges Verreiben gröberer Körnungen)
- Kratzputz (raue Oberfläche durch Bearbeitung mit Stahlbesen)
- Nesterputz (Auftrag durch Kelle mit bewusster Nesterbildung beim Glätten)
- Sgrafitto (mehrschichtige, farbige Putzlagen, Musterherausarbeitung im frischen Putz)

DIE SUMME ALLER DINGE Ganzheitlichkeit meint vereinfacht gesagt die Betrachtung einer Sache in der Gesamtheit ihrer Eigenschaften und aller Einzelteile. In der Gartengestaltung kann von Ganzheitlichkeit gesprochen werden, wenn die Gestaltung sich beispielsweise nicht nur um einen einzelnen Aspekt wie eine Sichtschutzwand kümmert, sondern eine Lösung für den ganzen Raum findet. Edel wird das Design, wenn der Gestalter dazu auch eine charaktervolle Ästhetik entwickelt. Insofern präsentiert sich hier ein Paradebeispiel für eine ganzheitlich gelöste Planungsaufgabe zu einer Sichtschutzsituation.

Die breiten Eichendielen bilden als Wand zunächst einen sehr ruhig und solide wirkenden Hintergrund, dessen Materialität und Ausstrahlung dann mit gutem Detailgespür in die Möblierung übertragen wurde. Stabil auf breiten Sockeln positioniert, bilden die Teile eine nahezu unverrückbare, fast schon massiv erscheinende Sitzgruppe. Die glatt gehobelte Eiche ist ausreichend verwindungssteif für den Einsatz als Möbeldiele mit einer relativ breiten Oberfläche. Selbstverständlich wird aber auch sie bald ihre Farbpigmente unwiederbringlich verlieren und das typische Hellgrau-Silber verblasster Zellulose annehmen. Die bequeme Polsterung signalisiert Großzügigkeit und Komfort. Doch das Design wird dadurch an keiner Stelle opulent. Es bleib klar und geradlinig, wodurch es sich auch eine sympathische Leichtfüßigkeit erhält. Wenn Sie so wollen, sehen wir hier also schwere Eiche – aber nicht im Gelsenkirchener Barock, sondern eher Eiche rustikal in einer modernen Lounge-Interpretation.

TRANSLUZENTE MATERIALIEN

lassen Licht passieren, aber nicht Blicke. Damit bietet dieses Segment im modernen Gartendesign gerade für Sicht- und Windschutzfragen eine Fülle hochinteressanter Möglichkeiten. Transluzente Oberflächen können geheimnisvoll diffus wie sanfte Nebelschwaden einen Gartenraum umhüllen oder mit frischen Farben markante Akzente setzen. Die immer etwas technologisch wirkende Materialität von Glas, Acrylglas oder Fiberglas bewirkt einen spannungsvollen Dialog zwischen Natur und Technik. Die anscheinende Leichtigkeit und Zerbrechlichkeit der durchscheinenden Baustoffe schafft zwischen dem ungleichen Paar aber immer auch eine gewisse Seelenverwandschaft, die bei einer guten Gestaltung spürbar ist.

Obwohl sie weit weniger fragil sind, als es zunächst erscheint, ist beim Umgang mit transluzenten Materialien jedoch die Befestigung im Außenbereich ein Thema. Eine nicht durchdachte Halterung oder mangelnde Materialkenntnisse könnten bei solch einer Konstruktion sehr schnell die erforderliche Stabilität oder die gewünschte optische Leichtigkeit des Bauteils vermissen lassen. Bei Kunststoffen dieser Art sollte im Vorfeld immer auch die Witterungs- und UV-Strahlungsbeständigkeit abgeklärt werden. In diesen Punkten ist von Qualitätsunterschieden auszugehen.

Hat der Gestalter hier jedoch seine Aufgaben sorgfältig erfüllt, steht ihm ein Material zur Verfügung, das ein vielfältiges Spiel mit feinen Farben und zauberhaften Lichtstimmungen erlaubt.

Fotografie Helmut Reinelt Gartendesign Oliver Schurmann (Deutschland) Garten Translucency, Dublin (Irland)

Fotografie Manuel Kubitza Gartendesign Thomas Fenner, FSWLA (Deutschland) Garten Privatgarten, Bergisch Gladbach (Deutschland)

ZU SCHÖN, UM WAHR ZU SEIN?

Ich sehe einen friedlichen Sonnenaufgang, dessen angenehm warmes Orangegelb sich mehr und mehr lichtet. Die Luft ist mild, es duftet – vielleicht nach Lorbeer? Wir stehen oben auf dem felsigen Plateau und ein leises Rauschen weht vom Wald herüber ... es ist schön hier draußen.

Um die abstrakten Elemente dieses harmonischen Naturbildes zu realisieren, war präzise Technik gefragt. Die Glasscheibe für den romantischen Sonnenaufgang kam als zwei Zentimeter starkes Verbundsicherheitsglas (VSG) zur Anwendung. Es besteht aus zwei Lagen vorgespanntem Einscheibensicherheitsglas (ESG). Eine solche Sandwichbauweise ist immer dann erforderlich, wenn Glas nur an einer Seite zu befestigen ist. Zwischen die beiden Glasscheiben wurde die lichtechte, orangefarbene Folie aufgetragen. Das gleichmäßige Licht liefern Neonröhren in wasserdichten Gehäusen hinter der Scheibe. Bodenbelag und Podest sind aus warmem, anthrazitfarbenem Sichtbeton.

Der Landschaftsarchitekt nennt seine Arbeit „lost paradise". Er will darin den Verlust des Paradieses auf diesem Planeten thematisieren. Dafür reduziert er die Szene auf die Komponenten Boden, Sonnenlicht und pflanzliches Leben. So schafft er einen Ort der Reflexion, der die rastlose Sehnsucht des Menschen nach Perfektion hinterfragt. Doch ist das geschaffene Bild, vor diesem Hintergrund betrachtet, nicht auch selbst zu schön, also „zu perfekt" geraten? Nein, sicher nicht, denn so könnte es ja sein, genau so perfekt schön fühlt es sich ja an – das wahre Paradies auf Erden ...

KOMPLEMENTÄR-PATCHWORK Kunstglas ist für kreative Gartenkonzepte wie geschaffen. So ist Acrylglas in den unterschiedlichsten Variationen verarbeitbar und bietet viele Farbvariationen. Es ist relativ stabil und – sofern es in guter Qualität hergestellt wurde – auch lichtecht. In diesem Innenhof wurde es in kräftige, schwarz lackierte Stahlrahmen montiert. Neben dem Spiel mit dem spannungsvollen Gegensatz von robustem Stahl und feinem Glas reduziert sich durch die Rahmen auch ganz praktisch die Verletzungsgefahr an den schmalen Acrylglaskanten.

Hier wurden dem harmonischen Gartenbild künstliche Elemente gegenübergestellt, die bei der Farbenwahl jedoch in der Nähe der Natur bleiben. Die komplementären grünen und orangeroten Glasflächen spielen mit der Abstraktion von pflanzlichen Blättern und Blüten. Im Unterschied zu ihren natürlichen Vorbildern werden sie allerdings ein bunteres Schattenspiel bieten – insbesondere im Winter. Um den Kontrast zwischen abstrahierter und reeller Natur zu stärken, setzte der Designer beim Gartenkonzept auf einen naturbetonten Stil. So sind die Trittsteine im angedeuteten Bachbett bruchraue Blöcke. Die Hölzer dürfen ungestört ihr von der Sonne gegerbtes Naturgrau zeigen und auch die Pflanzen setzen auf gepflegte Wildnis: Vorn ist das filigrane Laub der Rosmarinweide (*Salix rosmarinifolia*) zu erkennen und im Weiteren überwiegend Gräser der Wald- und Wiesengesellschaft wie Segge (*Carex morowii* 'Variegata') und Pfeifengras (*Molinia caerulea*). So lebt dieses Gartendesign von einer friedlichen Koexistenz der Gegensätzlichkeiten.

Fotografie Marianne Majerus Gartendesign Paul Dracott (England) Garten RHS Garden, Wisley (England)

Fotografie Marianne Majerus Gartendesign Rick Mather (England) Garten Privatgarten, London (England)

PLASTE OHNE ELASTE Die moderne Kunststoff-Chemie machte es möglich. Seit Beginn der industriellen Fertigung in den frühen 30er-Jahren hat sich der Produktkreis des Acrylglases – umgangssprachlich ebenfalls unter dem Markennamen „Plexiglas" bekannt – stetig ausgeweitet und längst auch das experimentierfreudige Gartendesign erreicht.

Begonnen hat der Einzug des Acryls in die Gartenkultur bereits, als Gärten noch überwiegend als Produktionsstätten für Nahrungsmittel und Schnittblumen betrachtet wurden. Farbige Gläser im Garten wären seinerzeit nur mit einem irritierten Achselzucken quittiert worden. Doch das schlicht farblose Glas ist durch die Weiterentwicklung des modernen Wohngartens nicht automatisch uninteressant geworden. Sein neutrales Lichtverhalten bei gleichzeitiger Blickdichtigkeit eröffnet Acryl mit diffusen Oberflächen beste Optionen als Sichtschutz.

Durch den massenhaften Bedarf im Gewächshausbau werden farblose Acrylplatten recht kostengünstig angeboten und eignen sich gut für Do-it-yourself-Designer mit knappem Budget. Doch auch hier gilt: Billig ist nicht immer preiswert. Unter den Kunstgläsern gibt es erhebliche Unterschiede hinsichtlich Witterungsbeständigkeit und Lichtechtheit. Wer nur auf den Preis schaut, muss vielleicht deutlich früher als eigentlich nötig vergilbte und verkratzte Glasflächen in Kauf nehmen.

Dass schlichte Materialien nicht simpel wirken müssen, zeigt diese Abbildung. Geriffelte Kunstglasplatten aus dem Gewächshausbau wurden hier zu einer windgeschützten Laube verarbeitet, die alles andere als altbacken erscheint. Pragmatische Spontaneität signalisiert die Konstruktion durch Pfosten und Träger, die aus Bewässerungsleitungen der Landwirtschaft stammen. Mehr Aufmerksamkeit, als der erste Eindruck vermuten lässt, erfordert die Befestigung der Acrylglasplatten. Sie sind an Einzelpunkten mit den verzinkten Stahlrohren verschraubt worden. Die Aufnahmepunkte müssen immer breit unterlegt sein, damit bei Winddruck die Belastungskräfte nicht nur an den Bohrlochrändern der Platten zerren. Sonst wäre dort frühzeitige Materialermüdung unvermeidlich. Die breiten und mit Gummi gepolsterten Unterlegscheiben an den Befestigungspunkten der Gläser sind auf dem Bild gut erkennbar.

Auch das Design der Möblierung ist klarlinig und die Farben halten sich zurück. Umso mehr Beachtung wird dadurch der köstlichen Rankpflanze im Vordergrund zuteil. „Köstlich" deshalb, weil es sich hier mit dem Chinesischen Strahlengriffel (*Actinidia chinensis*) um eine echte Kiwi handelt, die auch in frostgeschützten Lagen Mitteleuropas ihre berühmten Früchte zahlreich ausbildet.

Die Gewächshaussituation ist also eine vortreffliche Standortwahl für die Pflanze. Ob sich auch das Sofa in der Laube gut platziert fühlt, wird wohl noch der erste heftige Regenguss erweisen müssen – wirklich wasserdicht scheint die Dachkonstruktion jedenfalls nicht zu sein. Aber vielleicht sehen wir hier ja auch schon eine ganz anders geartete Kunststoffkreation aus dem Chemielabor: ein wasserfestes Textil, farbecht und flauschig weich wie eine Kiwihaut.

STEINWAND – GLASHART Ein Material mit hohem gestalterischen Potenzial ist der klassische Glasbaustein. In dem hier abgebildeten Garten wurde er als transluzente Trennwand verwendet. Mit den ersten Sonnenstrahlen wird uns der dann azurblau schimmernde Raum vielleicht sogar den Himmel ein Stück näher bringen.

Geschickt gelöst ist hier die Kombination des Glassteins mit Holz. Da Holz bei Feuchtigkeitsschwankungen arbeitet und Glas nicht, darf keine umlaufend starre Verbindung, zum Beispiel als Mörtelfuge, zwischen den beiden Materialien sein. Auch auf dem Bild ist zumindest zwischen Glaswand und oberer Holzpfette ein Spalt zu sehen, der allerdings nur aus gestalterischen Gründen so breit ausfällt. Durch seine kompakte Einzelgröße von derzeit maximal 30 cm Kantenlänge ist der Glasstein ein Baustoff für Wände in frei festlegbarer Höhe. Er wird heute in allen denkbaren Einfärbungen angeboten. Bei den Oberflächen reicht die Auswahl von glasklar über milchig bis hin zu lebhaften Strukturen. Was den Glasstein von einem gewöhnlichen Ziegel auch unterscheidet, ist seine Belastbarkeit. Auf ihn dürfen keine Spannungskräfte wirken und als tragende Wand ist er ungeeignet. Daher sind sorgfältig erstellte Fundamente eine Grundvoraussetzung für den Umgang mit diesem harten, aber nicht unzerbrechlichen Baustoff. Die geforderte Stabilität erreicht die Wand durch Armierungen im Fugenmörtel sowie regelmäßig eingebaute flexible Fugen. Die richtige Handhabung dieses Mauersteins verdeutlich anschaulich auch folgendes Herstellerzitat: „Glassteine nur mit dem Gummihammer anklopfen!"

UNKAPUTTBAR Diese Wand kann viel einstecken; der Bauherr wünschte einen einbruchshemmenden Sichtschutz am Haus. Da aufgrund der Gebäudebauweise eine aufwendige Konstruktion erforderlich gewesen wäre, um den gewünschten Schutz unter dem Dach zu installieren, wurde das Element am Boden befestigt. Das Funktionsprinzip dieses Sichtschutzes sind fünf senkrecht stehende Flügel, die als großdimensionierte, schwenkbare Lamellen bei Bedarf die gesamte Fensterfront dicht abschotten können. Montiert wurde die Konstruktion auf ein stabiles U-Profil aus feuerverzinktem Stahl. Dort wird der Drehmechanismus von einer massiven Stahlkralle umfasst, sodass die Lamellen nicht mehr von Hand aufgedreht werden können. Nur die elektronische Steuerung kann die schlagfesten Lamellen so weit öffnen, bis sie rechtwinklig von der Fassade abstehen. So kann ein Höchstmaß an Tageslicht die Innenräume bei Bedarf erreichen.

Neben diesen funktionalen Aspekten bietet dieser Sichtschutz zusätzlich noch eine eingebaute Beleuchtung. Die stromsparenden Leuchtdioden am Boden der Lamellen erzeugen einen Lichtpunkt, der jede Lamelle gelblich wie ein warmes Kerzenlicht schimmern lässt.

Das Material, aus dem die Lamellen bestehen, ist ein glasfaserverstärkter Kunststoff (GFK). Er ist ideal geeignet, um alle hier erforderlichen Eigenschaften zu erfüllen. GFK ist ein Glasfasergewebe, das mit Epoxydharz getränkt und lagenweise aufgebaut wird, bis es seine gewünschte Materialdicke erreicht hat. Seine Stärken sind ein geringes Gewicht bei einer gleichzeitig hohen mechanischen Festigkeit und Temperaturbeständigkeit. Gleichzeitig kann GFK lichtecht eingefärbt werden. Wird es dünnwandig hergestellt, ist es ebenfalls dementsprechend lichtdurchlässig.

Zu erkennen ist hier auch ein für Gebäudefronten typisches gärtnerisches Problem. Größere Dachüberstände bewirken meist einen Regenschatten, der am Haus nur die Pflanzung sehr genügsamer Exemplare aus natürlichen Trockenstandorten zulässt. Ganz ohne regelmäßiges Gießen oder eine automatische Tropfbewässerung geht es aber meist auch dann noch nicht, obwohl diese Pflanzen besonders hart im Nehmen sind.

ZÄHE PFLANZEN FÜR HELLE TROCKENSTANDORTE

- Blaustrahlhafer (*Helictotrichon sempervirens*)
- Silber-Ährengras (*Achnatherum calamagrostis*)
- Blau-Schwingel (*Festuca cinerea*)
- Thymian (*Thymus serphyllum* 'Coccineus')
- Mauerpfeffer (*Sedum spectabile* 'African Pearl')
- Purpur-Salbei (*Salvia officinalis* 'Purpurascens')
- Heiligenkraut (*Santolina chamaecyparissus*)

GROSSES KINO Die traumhaft schöne Leichtigkeit transluzenter Wände kann auch in weitläufigeren Gärten oder Parks zu beeindruckenden Stimmungsbildern führen. Elemente dieser Art helfen, ein großes Grundstück zu gliedern und die Aufmerksamkeit des Besuchers zunächst auf einen bestimmten Bereich zu lenken. So könnten die Gäste dann schrittweise durch ein ganzes Areal geführt werden.

Die in poliertes Edelstahl gefassten Mattglasscheiben bilden zunächst eine erste Raumgrenze, die das Pflanzendesign aus Grasachsen und Staudengruppen im Vordergrund gut zur Geltung kommen lässt. Da die Pflanzenlinien geradewegs auf die Scheiben zulaufen, werden sie als eine erkennbare Verbindung mit den drei Wandelementen wahrgenommen. Das definiert diesen Bereich gut sichtbar als separaten Hausgarten.

Mit dem Wandel der Sonnenstrahlen zeigen die Wände zunehmend auch Bilder, die von der Natur selber gemalt werden. Im Gegenlicht treten dort die Silhouetten von Ästen und Zweigen auf und vollführen mit bewegten Bildern ein Schattenspiel wie nach Drehbuch. Der bald einsetzende Sonnenuntergang dürfte dann ein filmreifes Schimmern auf die Leinwände zaubern und für ein abendliches Happy End sorgen.

Die Paravents halten sich dabei in ihrer Funktion als Raumteiler immer diskret im Hintergrund. In ihrer Nebenrolle als vermeintliche Parkzugänge steigern sie jedoch deutlich die Wertigkeit der dahinter verborgenen Naturlandschaft. So nähren sie beim Zuschauer die drängende Neugier, auch einmal das stille Schauspiel hinter der eleganten Kulisse zu erkunden. Bitte schön, der Eintritt ist frei.

Fotografie Gary Rogers Gartendesign Petra Pelz (Deutschland) Garten Park & Garden Country Fair, Stocksee (Deutschland)

Fotografie Gary Rogers Gartendesign Mark Ashmead, Chelmsford (England) Garten Hampton Court (England)

KREIS-LÄUFER Transluzente Strukturen sind auch mit Recyclingprodukten möglich. Mit entsprechender Technologie lassen sich damit sogar bogenförmige Wände realisieren. Um sie in diese Form zu bringen, wurde das mattierte Kunstglas als dünnwandige Scheiben hergestellt und mit einem schwarz lackierten Metallgitter zusammengebracht. Je nach aktuellem Sonnenstand zeichnet es eine feine Grafik, die langsam über die Bodenflächen wandert. Als fest verbundene Einheit können Scheibe und Gitter dem zu erwartenden Winddruck gut standhalten. Befestigt wurden die lichtdurchlässigen Paneele mit möglichst wenigen Punkten an einer leichten Kunststoffkonstruktion.

Wie fein geschwungene Gardinen staffeln die transluzenten Scheiben den halbkreisförmig aufgebauten Gartenbereich. Dadurch entstehen windgeschützte Plätze, von denen aus die abgetrennten Gartenteile als schemenhafte Räume zu erkennen sind, die es zu entdecken gilt. Die Zonierung der verschiedenen Gestaltungsinhalte wird durch die Abtreppungen im Garten hervorgehoben.

Begehbare Flächen mit unterschiedlichen Belägen aus umweltfreundlichen Materialien wechseln mit Wasserbassins, die als biologische Sumpfgärten für ein üppiges Grün zuständig sind. Durch die hohe regenerative Wirkung der ausgewählten Pflanzengesellschaft ist hier zur Wasserreinigung nur wenig zusätzliche Filtrierung erforderlich. Gepflanzt wurden Repositionspflanzen, die einen besonders hohen Wert für Rekultivierungsmaßnahmen darstellen, wie Rohrkolben (*Typha angustifolia*), Pfeilkraut (*Sagittaria sagittifolia*) oder Minze (*Mentha aquatica*). Das ebenfalls dort verwendete Schilf gehört der besonders interessanten Gruppe der nachwachsenden Rohstoffe an. Ein Zu- und Abfluss bindet die einzelnen Sumpfgärten in einen ökologisch stabilen Kreislauf ein. Der Überlauf wurde bewusst sichtbar nach vorn gelegt. Er symbolisiert Ende und Neubeginn eines lebendigen Zyklus der Vernunft.

PFLEGETIPPS FÜR KUNSTGLAS

Die Oberflächen von Acrylglas und transparenten Recyclingprodukten lassen sich relativ einfach durch Abspülen mit klarem Wasser reinigen. Bei stärkeren Verschmutzungen hilft die Beigabe eines nicht scheuernden Spülmittels. Danach können Sie die Flächen mit einem Fensterleder leicht reibend abtrocknen. Da Kunststoffe sich nach dem Reiben elektrostatisch aufladen, ziehen sie Staub an. Auf empfindlichen Flächen wäre dann ein antistatischer Kunststoffreiniger aufzusprühen. Mit einem weichen Tuch können Sie die Fläche nachwischen, aber nicht trockenreiben. Die staubabweisende Wirkung bleibt über längere Zeit erhalten.

FEIN HERAUSGEPUTZT Dieser Garten ist in glänzender Feierstimmung. Den Weg hierhin werden die Gäste leicht finden, denn eine einladende Beleuchtung führt sie in den sommerlichen Festsaal. Die illuminierten Glaselemente wirken als Wegbegleiter zur Terrasse. Die Scheiben schaffen auch von der Terrasse aus Orientierung, puffern den Blick und lenken das Auge bis in die Tiefe des seitlich liegenden Gartenabschnitts. Sogar die Schaukel im Hintergrund wird so an die Terrasse herangeholt. Eine weitere Verbindung stellt die harmonische Farbgestaltung her. Die blauschwarzen Steinfliesen ergänzen sich gut mit dem dunklen Blauviolett der Pfosten und der modernen Möblierung.

Fast schon als Objekt wirkend, ragen hier jedoch die leicht mattierten Glastafeln heraus. Indem das Glas immer gemeinsam mit dem roten Fächer-Ahorn (Acer palmatum) erscheint, bilden die beiden ein unzertrennliches Paar. Durch das Stilelement der Wiederholung werden sie in diesem Bereich zum prägenden Thema des Gartenkonzepts. Die angestrahlten Scheiben erfüllen dabei zusätzlich eine wichtige Beleuchtungsfunktion: Sie gleichen die noch magere Lichtausbeute an den kleinen Reflexionsflächen der jungen Ahornblätter aus. Der feine Lichtschleier im Hintergrund verleiht den Pflanzen so mehr Präsenz. Im Laufe der Jahre werden die Ahorne den Garten jedoch aus eigener Kraft stärker ausfüllen. Vor den Scheiben haben sich die grazilen Zweige dann in bizarre Äste verwandelt. Ihre Silhouetten werden von da an jedes Fest mit einem ästhetischen Scherenschnitt begleiten.

Fotografie Modeste Herwig   Gartendesign Ellen Knoeff (Niederlande)   Garten van Nunen (Niederlande)

AUF GLÄSERNE NACHBARSCHAFT Zunächst könnte dieser Sichtschutz etwas irritieren, denn er ist recht durchsichtig und lässt augenscheinlich vor dem Nachbarn keine Geheimnisse mehr zu. Doch der Sichtschutz bietet ein interessantes Phänomen, das meist genügend Privatheit schaffen kann, der „Gardineneffekt": Wird der freie Blick nämlich durch einen Filter wie eine Gardine gebremst, lässt das Interesse des Beobachters oft schnell nach und er wendet sich anderen Dingen zu. Das hier verwendete transluzente Kunstglas bewirkt ebenfalls, dass der Beobachter nur bei gesteigerter Aufmerksamkeit Genaueres erkennen könnte. In der Regel würden die beiden Nachbarn so lediglich ihre gegenseitige Anwesenheit im Garten registrieren. Damit das transparente Gartenambiente aber nicht zu blass wirkt, war es eine kluge Entscheidung des Gestalters, den Pflanzbereich vor der Wand farblich vorsichtig zu intensivieren. Die Rote Säulenbuche (*Fagus sylvatica* 'Dawyck Purple') setzt einen angemessenen Kontrapunkt. Die paarweise Anordnung der schlanken Gehölze steigert wohltuend die Spannung in den Pflanzflächen. Neben den dominanten Ball-Hortensien (*Hydrangea arborescens* 'Annabelle') entsteht so auch um die Buchen herum genügend Platz für ein Unterpflanzungsthema.

Wenn Sie also auf der Suche nach einem Sichtschutz sind, der mehr Offenheit als andere bietet und noch mehr Licht im Garten, könnte sich hier vielleicht die Lösung für Sie abzeichnen. Versuchen Sie diese Überlegungen aber nicht als ihr neuestes Geheimnis zu wahren, denn Ihr ahnungsloser Nachbar plant vielleicht gerade eine immergrüne Hecke.

MILKY WALL Inmitten des Gartens, umgeben von einem Wasserbecken, entwarf der Gartendesigner einen als Insel konzipierten Essbereich – wie einen eigenständigen Raum im Raum. Die kräftige Konstruktion aus dunkelblau lackierten Stahlträgern umsäumt die Fläche und rahmt das Freiluft-Esszimmer ein. Quasi als Ersatz für nicht vorhandene Mauern zeigt die Stahlkonstruktion den Verlauf imaginärer Wände auf. Der Besucher sitzt somit innen, befindet sich aber dennoch gleichzeitig außen. Einzelne Glaselemente bieten indes dezenten Sichtschutz, während der Blick auf bestimmte Zonen im Garten vollständig frei bleibt.

Bei den verwendeten Scheiben handelt es sich um Einscheibensicherheitsglas (ESG), dessen Oberfläche leicht aufgeraut ist und dadurch matt durchscheinend wird. Eine ESG-Scheibe wird durch eine spezielle thermische Behandlung in einen Eigenspannungszustand versetzt und zerspringt beim Bruch in kleine, würfelförmige Bruchstücke. Die Oberflächenbehandlung zur Mattierung des Glases erfolgt entweder mechanisch durch ein Sandstrahlgebläse oder chemisch durch die Einwirkung von Fluorwasserstoff. Für den Glassteg über die Wasserfläche rechts im Bild wurde ESG mehrlagig zu einem kräftigen Verbundsicherheitsglas (VSG) aufgebaut.

Eine ganz besondere Ausstrahlung geht von der Dinner-Insel bei Dunkelheit aus, wenn die Downlights an den dunklen Pfosten diese wie geheimnisvolle Lichtachsen aufleuchten lassen. Vom wirklichen Wohnraum aus betrachtet, erinnert das Mattglas dann an einen Pavillon aus milchig-hellblau schimmernden Eiswänden.

LICHTDESIGN

Bei der Lichtgestaltung von Gärten ist nach der Erfüllung verschiedener Sicherheitsaspekte die stimmungsvolle Inszenierung des Gartenraumes das Planungsziel. Sichtschutzelemente bieten dazu oft eine ideale Grundlage. Als gut wahrnehmbare Körper eignen sie sich meist zur indirekten Beleuchtung, um so Raumlinien, -grenzen oder -endpunkte herauszuarbeiten.

Große Unterschiede in der Lichtwirkung bergen die jeweiligen Oberflächen. Da sie die Reflexionsflächen des Lichts sind, bedeutet es einen Unterschied, ob die Fläche eine helle oder dunkle Farbe aufweist und ob ihre Textur matt oder glänzend ist. Die Struktur des Materials bestimmt ebenfalls die Lichtausbeute, aber auch die Dramaturgie der Gartenszene. Eine ebene Fläche wirkt ruhiger als eine stark zerklüftete Wand und tiefliegende Materialfugen. Je nach Anstrahlwinkel und Lichtfarbe ergeben sich sehr unterschiedliche Effekte. Auch die Art der Leuchten beeinflusst die Atmosphäre im Garten. Hersteller bieten unterschiedliche Leuchten mit Halogen-Lampen oder LED-Halbleitern an, deren Vor- und Nachteile unter anderem hinsichtlich Lichtfarbe, Regelbarkeit, Verbrauch und Preis im Einzelfall abzuwägen sind. Darüber hinaus empfehlen sich besondere Leuchten wie Natrium- oder Quecksilberdampflampen, um bestimmte Materialien oder Pflanzen optimal zur Geltung zu bringen. Wer hier richtige Entscheidungen treffen will, sollte – auch hinsichtlich der materiellen Qualitätsunterschiede – die Beratung durch Lichtfachleute suchen. Langfristig wird sich dies für Sie immer als Vorteil erweisen.

Fotografie: Marianne Majerus Gart(en)design: Claire Mee (England) Garten: Privatgarten, London (England)

SCHATTENSPIELER Ein sehr lebendiges Medium bei der Gestaltung mit Licht ist eigentlich sein Gegenteil, der Schatten. Im ersten Augenblick mag dies vielleicht überraschen, weil der Schatten allgemein mehr als eine Art Fehlstelle des Lichtes empfunden wird. Doch betrachten Sie die drei Lichtschwerpunkte dort noch einmal genauer: Im Vordergrund ist eine Cor-Ten-Stahlplatte zu sehen, senkrecht als Raumteiler aufgestellt. Samtig schön schimmert die rotbraune Oberfläche und selbstverständlich ist der Stahl auch bereits als direkt beleuchtete Wand hoch attraktiv. Nur flach angeleuchtet, würde sich die Platte hier aber vielleicht doch etwas sperrig vor der Terrasse postieren. Deutlich freundlicher wirkt das Bild durch das angeleuchtete Ziergras (*Miscanthus sinensis*) davor und insbesondere durch seinen Schatten, der ein dynamisches Muster auf die Stahlplatte wirft. Ähnliches geschieht im Hintergrund vor der weißen Wand. Rechts strahlt eine Lichtkugel ihr weiches Licht auch in Richtung Wand aus und lässt nun mit Hilfe der Gehölzschatten auch räumliche Tiefe erkennen. Auf der linken Seite demonstriert eine dicht an die Wand platzierte Reihung mehrerer LED-Spots die typische, etwas härter wirkende Lichtfarbe der LED-Technologie. Diese Lichtfarbe ergibt sich aus einem engeren Farbspektrum, als es herkömmliche Leuchten aufweisen. Gut erkennbar sind dadurch die bizarren Strukturen, die der Schatten aus den schlichten Mauerfugen herausmeißelt. Und selbst das senkrechte Muster der markanten Lichtstrahlen an der Wand hinauf lebt vom Schatten. Ohne ihn wäre von dem Lichtspiel nicht viel zu sehen.

QUELLE DER BELEUCHTUNG Eine der wichtigsten Grundregeln bei der Lichtgestaltung ist die Vermeidung von Blendung durch den direkten Blick in die Lichtquelle. Da das Auge bei Dunkelheit deutlich empfindlicher auf Licht reagiert als bei Tage, werden selbst schwach blendende Lichtquellen mitunter bereits als unangenehm empfunden. Die Einbeziehung von Bauteilen und Pflanzen für eine indirekte Beleuchtung ist daher oft der ideale Weg zu einem guten Lichtkonzept. Um durch Beleuchtung den Gartenraum erfahrbar zu machen, empfiehlt sich für reines Stimmungslicht weniger die Ausleuchtung von Bodenflächen als die Anleuchtung vertikaler Flächen und Körper. So erkennt das Auge die Grenzverläufe des Areals, kann sich orientieren und fühlt sich sicher. Wo Sicherheitslicht erforderlich ist wie bei Treppen, ist die helle Ausleuchtung selbstverständlich Pflicht. Es empfiehlt sich, bei der Gartengestaltung das Lichtkonzept bereits mit Planungsbeginn zu entwickeln. Denn bestimmte Elemente wie eine Baumachse beispielsweise sind geradezu prädestiniert, um mit ihnen auch die Lichtversorgung des Gartenbereichs durch eine rhythmische Lichtreihe zu lösen. Das eine Element kann die Planung des anderen jedoch beeinflussen. So wäre der Hintergrund – oder, beleuchtungstechnisch gesprochen, die „Reflexionsfläche" – dann dort auch entsprechend attraktiv und lichtreflektierend zu gestalten. Auch hier ist der Schatten wieder ein interessanter Designer: Das von der Holzwand reflektierte Licht wird die Silhouetten der Ulmen (*Ulmus* 'Sapporo Autumn Gold') als kantige Spalierbäume geheimnisvoll hervorheben.

117

Fotografie Marianne Majerus   Gartendesign Charlotte Rowe (England)   Garten Privatgarten, London (England)

118

Fotografie Michael Bamber Visual Arts Lichtdesign Thorsten Schmidt (Deutschland) Segeldesign aeronautec GmbH (Deutschland)
Garten Ausstellung bei Garten & Wohnen, Münster (Deutschland)

HIMMELSLEUCHTEN Textiler Sichtschutz aus Paravents und Segeln bietet faszinierende Möglichkeiten, um stimmungsvolle Lichträume zu schaffen. Mit dem guten alten Lampenschirm haben Inszenierungen wie diese allerdings nur noch wenig gemein. Für den fein ausgeleuchteten Abendhimmel wurden zwei spezielle Komponenten verwendet: Das Segel besteht aus einem modernen Architekturgewebe von hoher Tageslichtdurchlässigkeit und einer gleichzeitig sehr harmonisch verlaufenden Lichtreflexion, wenn es angeleuchtet wird. Über insgesamt sechs Punkte wurden die Hightech-Membrane gespannt und genau ausbalanciert. Die Ausleuchtung erfolgte mit Glasfasertechnik. Licht wird dabei von einem Lichtprojektor über Glasfasern von nur wenigen Millimetern Durchmesser in Strängen zum gewünschten Beleuchtungspunkt geschickt. Dort tritt es am Kopfende der einzelnen Faser strahlend hell aus. Der Lichterzeuger von der Größe eines Diaprojektors benötigt immer einen wassergeschützten Technikschacht mit mehreren Kabelaustritten und einer seitlichen Lüfteröffnung.

Für die Ausleuchtung dieses Segels platzierte der Lichtdesigner im Holzdeck etwa 150 Lichtpunkte, die er sorgfältig um die Möbelstellflächen herum arrangierte. Insgesamt verbrauchte er dafür etwa einen Kilometer Lichtfasern, die er teilweise gebündelt einsetzte. Als Bonbon können die Lichter dank moderner Steuerungstechnik harmonische Farbverläufe bilden und wie funkelnde Sterne ihre Helligkeit wechseln. Und wundern Sie sich nicht: Es wäre hierbei ganz normal, wenn Sie den Sternenhimmel immer wieder auch mit dem Blick nach unten bewundern wollten.

LICHT-SOLISTEN Ein Sichtschutz kann durch das Setzen punktueller Lichtquellen so illuminiert werden, dass die Gesamtfläche selbst im Hintergrund bleibt. Dieser Weg bietet sich auch in Situationen an, wo ein Sichtschutz wenig optische Reize bietet. Die drei Rankgerüste sind hier noch nicht begrünt. Im Laufe der Zeit werden sie jedoch von den Rankpflanzen bedeckt, wodurch das Licht dann nur noch das Blattwerk trifft. Von da an werden die Pflanzen als beleuchtete Einzelobjekte den Wandhintergrund verblassen lassen.

Bei der Beleuchtung von Kunstobjekten ergibt sich oft die Herausforderung, durch die Wahl des passenden Abstandes eine ausgewogene Ausleuchtung der Skulptur zu erzielen. Insbesondere figürliche Plastiken wie hier verlangen in der Regel ein weiches Licht aus einem flacheren Abstrahlwinkel, wofür die Leuchte dann mitunter etwas weiter entfernt zu installieren ist. Bei einer Einbauleuchte in einem Steinbelag erforderte dies eine frühzeitige Einplanung.

Auf der Symmetrieachse der Skulptur reihen sich drei beleuchtete Wassersprudler. Bewegtes Wasser kann da, wo es verwirbelt, Licht transportieren und es damit von unten über die Wasseroberfläche hinausheben. Über Wasser installierte Leuchten führen wie bei einem Spiegel zur Reflexion des Lichts auf der Wasseroberfläche. Unter Wasser installiertes Licht ist in kristallklarem Wasser nur zu sehen, wo es auf einen reflektierenden Gegenstand wie einen Beckenrand trifft. Befinden sich Schwebstoffe im Wasser wie bei einem Teich, ist der Strahlengang der Lichts entsprechend dem Schwebstoffanteil gut zu erkennen.

Fotografie Frank Böttner Gartendesign Gartenhof Küsters GmbH (Deutschland) Lichtdesign Fritz Döpper (Deutschland)
Garten Privatgarten, Neuss (Deutschland)

WASSER

Das Lebenselixier Wasser ist ein besonders faszinierendes Element. Seine Anwesenheit signalisiert uns Sicherheit und Reinheit. Es schenkt Erfrischung und fördert die harmonische Balance zwischen Körper, Geist und Seele. Unter den vier Grundelementen des Seins, also Feuer, Wasser, Luft und Erde, bietet es dem Gestalter besonders vielfältige Optionen für das kunstvolle Spiel mit den Dingen der Natur. Daher galt Wasser in jeder Epoche der Gartenarchitektur als Schlüssel zur ganzheitlichen Gartenkunst.

Ein Sichtschutz ist dabei als Rückwand für ein Wasserspiel ideal. Wasserspeier und Wasserkaskaden sind besonders wertvoll, weil sie entspannende Wassergeräusche erzeugen und weil sie Wasser besser sichtbar werden lassen. Sie bieten Lösungen für beengte Gartensituationen, in denen eine kleine Wasserfläche nur schwach zur Geltung käme, wie auch Lösungen für weite Gartenareale, in denen der Gartenarchitekt interessante Blickbezüge mit Fernwirkung herstellen will.

So reizvoll und schön es auch ist, Wasser „nass" auf der Haut zu genießen, so riskant und folgenreich ist diese Eigenschaft, wenn bei der Realisierung einer Wasseridee Fehler gemacht werden. Denn Wasser bestraft jede undichte Nahtstelle, korrosionsempfindliche Oberfläche oder überschätzte Reinigungstechnik. Sorgfältige Facharbeit, gute Qualität und insbesondere ehrliche Beratung sind bei Wasser allerhöchstes Gebot. Dann ist Wasser, was es im Innersten seines Wesens sein kann: feiner Lebensgenuss pur.

RAUMGLEITER Hier verteilt sich der Sichtschutz auf zwei hintereinander gestaffelte Ebenen. Dadurch rückt der Sitzplatz stärker in den Vordergrund. Die Hintergrundebene aus unterschiedlichen Gehölzen wurde mit Bambus (*Fargesia murielae*) als Hecke entlang der Grundstücksgrenze geschlossen. Nach einem mit Gräsern bepflanzten Zwischenbereich stellen die freistehenden Klinkerwände die zweite Ebene. Der Klinker nimmt das Material der Hausfassade sowie einer seitlich gelegenen Gartenmauer wieder auf. Das hintere Eckelement bildet die schützende Rückwand der Lounge, die mit großformatigem Naturstein belegt ist. Das Plateau schiebt über seine Auflagekanten hinaus und wirkt, als würde es sich gleich in Bewegung setzen. Bei Dunkelheit gleitet es auf einem dezent schimmernden Lichtpolster, das von einem umlaufenden Lichtband an der Unterseite stammt. Die Trittplattenachse verleiht der Szenerie eine zusätzliche Dynamik. Sie läuft über die stahlblaue Wasserfläche des voll nutzbaren Zier-Badebeckens bis zu einem Kunstobjekt am Gartenende. Der genau berechnete Rhythmus der Platten bindet dabei präzise die beiden Beckenränder ein. Auf der zentralen Blickachse aus dem Wohnraum und symmetrisch zur Mittelachse einer Trittplatte liegt der Wasserfall. Als kristallklarer Wasservorhang fällt er breit aus einem Speier in der Klinkerwand. Die Reinigung des Wassers wie auch der Filteranlage erledigt eine automatische Mess- und Regeltechnik. Zu tun bleibt da für die Gartennutzer eigentlich nur noch das gemütliche Segeln durch Zeit und Raum eines entspannten Nachmittages.

WESTENTASCHEN-SPA So klein kann entspanntes Wasservergnügen aussehen. Was Ihnen hier gezeigt wird, funktioniert sogar auf dem Balkon. Das Wasserspiel besteht aus folgenden Komponenten: Als Rückwand, hinter der die benötigten Versorgungsleitungen verlegt werden, wurde hier eine moderne Industrie-Platte montiert. Sie besteht aus einem durchgefärbten, thermohärtenden Harzstoff, der mit Fasern auf Holzbasis unter hohem Druck und Temperatur verpresst wird. Das verleiht der Platte Farbechtheit und Wasserfestigkeit. Diese Eigenschaften sind für eine Rückwand unabdingbar, da dort immer mit Wasserspritzern vom Bodenmaterial zu rechnen ist.

Den Unterbau bilden schlichte Pflanztröge aus Edelstahlblech. Das Becken unter dem Wasserfall beherbergt einen Auffangzylinder, der das durch den Deko-Schotter versickernde Wasser sammelt. In dem Auffangbehälter befindet sich auch die Tauchpumpe. Sie drückt das Wasser zurück in den kleinen Sammelbereich des kastenförmigen Wasserfalls. Hier beruhigt sich das Wasser, um dann als blasenfreier Wasserfilm hauchdünn über das Austrittsblech zu fließen. In frostgefährdeten Lagen wird das gesamte Wassersystem entleert und überwintert so bedenkenlos.

Bei Wasserspielen dieser Größe wird auf eine umfangreichere Desinfizierung des Wassers oft verzichtet. Im Außenbereich aber, insbesondere da, wo die Sonne hinreicht, werden Algenbildung und Vermoosung nicht lange auf sich warten lassen. Das geschieht umso schneller, je geringer das Wasservolumen ist und je schneller das Wasser sich aufwärmt. Sofern Sie dies nicht als natürlichen Bestandteil eines Wasserspieles zulassen möchten, ist ein algenfreies Gesamtbild nur durch die Zugabe eines chemischen Algenbekämpfers möglich.

Am Kopfende nimmt das Edelstahlbecken Pflanztöpfe auf. Sie beinhalten zwei Bambusarten. Bei dem Bambus links handelt es sich um den legendären Schwarzen Bambus (*Phyllostachys nigra*). Grün beginnend färben sich seine Halme im Laufe der Zeit immer dunkler, bis sie – ausreichend Sonne vorausgesetzt – ein edles Schwarz annehmen. Im Wechsel mit ihm startet ein weiterer Bambus, der Regenschirmbambus (*Fargesia murielae*) mit seinen feineren, hellgelben Stängeln.

Schon dieser Wasserfall von der Größe eines Schuhkartons verströmt leise plätschernd die Aura einer belebenden Oase und schafft einen modernen Terrassenbereich mit Charakter. Auch wenn er ein wenig danach aussieht und alle ihn wohl am liebsten immer dabei hätten: Einfach von der Wand abziehen, zusammenklappen und mitnehmen lässt sich der kompakte Wassergenuss leider nicht.

Fotografie Marianne Majerus Gartendesign Stuart Craine (England) Garten Privatgarten, London (England)

ÜBER TIEFE GEWÄSSER Dieses edle Wasserdesign nutzt die Gartenwand für ein breitflächig angelegtes Wasserspiel, das mit dem davorliegenden „Reflecting Pool", einem Spiegelbecken, korrespondiert. Durch einen niedrigen Querriegel von der im Vordergrund ruhig daliegenden Wasserfläche getrennt, lehnt in großzügigen Dimensionen eine glatt polierte Edelstahlfläche an der Wand. Über die Fläche fließt in perfekter Verteilung ein feiner Wasserfilm aus der oberen Kopfleiste. Die quer verlaufende Mauerkante unten verhindert, dass die leichten Wellenbewegungen die ruhig spiegelnde Wasserfläche direkt erreichen. Die drei Pflanzenboxen im Wasser stellen die Verbindung zu den akkurat geschnittenen Heckenblöcken her.

Der Reflecting Pool erstreckt sich vor dem Haus über die gesamte Wohnraumverglasung und bietet so ein markantes Blickerlebnis aus dem Haus. Um echte Kristallklarheit zu gewährleisten, sollte das Wasser regelmäßig auf Chlorgehalt und pH-Wert hin gemessen und bei Bedarf beispielsweise wohldosiert mit Chlortabletten desinfiziert werden.

Als Nebenweg verlaufen mächtige Natursteinplatten über die Fläche. Montiert wurden sie auf eine Stahlkonstruktion, um so möglichst frei über dem Wasser zu schweben. Die Sandfarbe der Steinblöcke stimmt mit der Ziegelwand überein. Sie befinden sich in klarem Kontrast zum dunklen Anthrazitblau des Beckenbelags. Der dunkle Farbton bleibt so alleine dem Wasserbecken vorbehalten. Dadurch steigert sich nochmals die Illusion eines unergründlich tiefen, dunklen Gewässers, obwohl der Wasserstand vermutlich nicht wesentlich mehr als zwanzig Zentimeter betragen dürfte.

ETWAS-GEGEN-LÄRM Eine Gartenwand mit mehreren Wasserspeiern, die insgesamt ein doch recht kräftiges Wassergeräusch verursachen – macht das Sinn? Ja, das macht es dann, wenn Sie etwas gegen vorhandenen Lärm unternehmen wollen. Gemeint ist beispielsweise Straßenverkehrslärm, der über die Mauer in Ihren Garten dringt. Wasser kann hier als positives Gegengeräusch das andere überlagern und in der Wahrnehmung zurückdrängen.

Bei der Planung eines Wasserobjekts mit mehreren Speiern ist darauf zu achten, dass jeder Speier ab der Pumpe mit einer separaten Zuleitung versehen wird. Nur so gelingt es, die Speier mit der jeweils gleichen Wassermenge auszustatten. Bei der Verwendung von Edelstahlteilen genügt Edelstahl der Güte V2A für viele Zwecke. Bei höheren Salz- oder Chlorkonzentrationen wäre jedoch Edelstahl der Güte V4A zu empfehlen, um Rostansätze zu vermeiden. Ob ein Gegengeräusch über mehrere Speier erzielt werden soll, bleibt natürlich eine Frage des persönlichen Geschmacks. Individuell verschieden empfunden werden aber auch die Klangfarben von Wasser. So klingt es unterschiedlich, ob einer oder mehrere Speier aktiv sind, und auch, ob Wasser in dünnen Strömen fließt oder sich als kräftiger Schwall ergießt. Auf die Klangfarbe wirkt sich ebenfalls die Fallhöhe des jeweiligen Wasserschwalls aus. Ferner macht es einen bemerkenswerten Unterschied, ob Wasser in ein Becken von wenigen Zentimetern plätschert oder in eine Wassertiefe von über sechzig Zentimetern gurgelt. Ein Wasserbild benötigt also auch die Zustimmung Ihrer Ohren, um Ihnen wirkliche Ruhe und Entspannung zu schenken.

Fotografie Helmut Reinelt   Gartendesign Dominick Cullinane (Irland)   Garten Aubergine Garden, Dublin (Irland)

ÜBER-LEBENSKÜNSTLER Von besonderem Reiz sind Zierbrunnen und -becken, die nicht desinfiziert werden, sondern deren Wasser stabil den natürlichen Lebensregeln folgt. Sicherlich ist bei feinen Oberflächen wie Edelstahl ein perfekt kristallklares Wasser ohne Alternative. Bei Wandbrunnen aus natürlich wirkenden Materialien kann jedoch eine biologisch arbeitende Reinigung genügen und sogar attraktiver sein. Schließlich könnte dann auch die große Gestaltungsstärke der biologischen Wassersysteme, die Verwendung von Wasserpflanzen, genutzt werden. Ab einem bestimmten Wasservolumen können Wandbrunnen als begrünte Becken gestaltet werden. Zur Bepflanzung eignen sich nahezu alle auf dem Markt angebotenen Wasser- und Uferpflanzen. Ein gewisse Einschränkung kann in der Strömung und dem Wellenschlag bestehen, die von Wasserattraktionen wie einem Speier oder einer Fontäne verursacht werden. Während die Halme von Rohrkolben (*Typha angustifolia*) oder See-Simse (*Scirpus lacustris*) bewegtes Wasser gut vertragen, könnten Seerosen (*Nymhea alba*) kümmern. Doch erfahrene Gärtner wissen, dass es hierbei immer auf den Einzelfall ankommt und Probieren über Studieren geht. Wenn Sie Ihr Naturgewässer möglichst biologisch entwickeln wollen, werden Sie unter den Stauden und Gräsern der Repositionspflanzen fündig. Diese Pflanzen sind besonders zur Schaffung stabiler Öko-Systeme geeignet, in denen auch unerwünschte Teichbesucher wie Mückenlarven besonders schnell von ihren Fraßfeinden unter Kontrolle gebracht werden. Sie werden erstaunt sein, wer sich alles für Mückenlarven interessiert …

FONTANA DI ROSA   Seine Bauherrin hatte nur diesen einen Wunsch: Pink. Der Designer des Gartens zögerte nicht, tauchte also die Wände in ein prächtiges Rosa und führte die Dinge dann entschlossen in einem Gesamtbild zusammen, das so zu einer bewundernswert individuellen Note gelangte. Die konstruktive Herausforderung bestand hier in der Aufgabe, den Garten in einen oberen, allgemein gehaltenen Bereich und in die untere, sehr viel persönlicher gestaltete Terrasse aufzuteilen. Um die Treppe aus dem Blickfeld zu rücken, erhielt die Terrasse statt der Aussicht auf einen gewöhnlichen Treppenaufgang einen Wasserfall. Dieser Wasserfall erlaubt ein spektakuläres Lichterspiel. Seine Rückwand, an der bei Betrieb das Wasser fein herunterrieselt, besteht aus einer Glasscheibe. Auf ihre Rückseite wurde eine mit Silber bedampfte Spezialfolie aufgetragen. Diese Hintergrundfläche wird von den fein herunterfließenden Wasserschwaden in ein bezauberndes Glitzermeer verwandelt. Bei Dunkelheit reflektiert sie das Rosa der umgebenden Wände dramatisch in allen Schattierungen.

Die Glasscheibe des Wasserfalls findet sich auch als Sicherung am Treppenaufgang wieder. Der kühle, metallische Effekt des Wasserfalls setzt sich in den Pflanzkübeln aus mattiertem Edelstahl fort. Kastenförmig geschnittener Buchsbaum begleitet die Mauerstufungen und schließt den oberen Garten mit einem neutralen Heckenriegel ab.

Sie haben Mut zu großen Gefühlen? Dann könnten Sie es erwägen: Gehen Sie einmal in sich und bestimmen Sie auch in Ihrem Garten die Farben einfach mit Ihrem Herzen.

135

Fotografie Marianne Majerus Gartendesign Stuart Craine (England) Garten Privatgarten, London (England)

ZUSATZFUNKTIONEN Viele der bisher besprochenen Beispiele haben es Ihnen sicher schon verdeutlicht: Sichtschutz kann weitaus mehr sein als nur eine Barriere am Gartenrand. Im Idealfall übernimmt ein Sichtschutz weitere praktische und gestalterische Funktionen. Ein Sichtschutzelement kann beispielsweise auch, wie hier zu sehen, als raumbildende Regalwand (Cor-Ten-Stahlblech) für Kaminholz dienen. Bei guter Platzierung trennt ein solcher Raumteiler aber nicht nur, sondern fördert gleichzeitig den Raumeindruck und die Blickbeziehungen innerhalb des genutzten Terrassenbereichs.

Je sorgfältiger Sichtschutzelemente dabei in ihre unmittelbare Umgebung eingebunden wurden, umso besser erfüllen sie ihre bezweckte Wirkung. Bei kluger Planung ist es möglich, den gewünschten Sichtschutz soweit in ein Gesamtkonzept zu integrieren und mit Nutzen auszustatten, dass seine ursprüngliche Aufgabe „Sichtschutz" vom Betrachter praktisch nur noch als Nebentätigkeit wahrgenommen wird.

Mit den folgenden Beispielen möchte ich Sie anregen, Sichtschutz neu und anders zu denken. Auf den nächsten Seiten werden sich daher jetzt vor Ihren Augen zusätzliche Räume erschließen, Segel aufziehen, Blickperspektiven bewegen, Vorhänge verschieben und neue Designideen entflammen. Bei all diesen Möglichkeiten wäre es doch einfach zu schade, nur bis vor die Sichtschutzwand zu planen. Gehen wir nun also einen Schritt weiter.

Fotografie Jürgen Becker   Garten De Keukenhof (Niederlande)

Fotografie Rasche GmbH   Gartendesign Rasche GmbH (Deutschland)   Garten Minden (Deutschland)

SCHMUCK-SCHATULLE Für die Lagerung von Gartengeräten ist im Garten oft zusätzlicher Bedarf an Verstaumöglichkeiten. Selten harmonieren Gartenhäuser mit der Gebäudearchitektur und werden dann „irgendwie" durch Abpflanzungen wieder unsichtbar gemacht. Hier drehte sich der Gestaltungspieß herum, wodurch der Stauraum zum stilgerechten Hingucker aufwuchs. Am Kopfende des Stadtgartens wurde der Gartenschrank so hoch geplant, dass die dahinterliegende Gewerbehalle künftig gleich auch nicht mehr zu sehen war. Der Sichtschutz mit Wirkung in umgekehrte Richtung hält den mit dem Nachbarn vereinbarten Abstand zur Grundstücksgrenze ein. Damit er auch die Wünsche des Bauherrn nach einem avantgardistischen Design erfüllt, bediente sich der Architekt beim modernen Fassadenbau und verkleidete den Schrank mit Stahlblechen, die in eine spezielle Rahmenkonstruktion eingehängt wurden. Die spiegelnde Pulverbeschichtung aus feuerrotem Lack macht ihn dann endgültig zum Edelstein mit Signalwirkung.

Doch alle innovativen Bauteile des Gartens haben Sie damit noch nicht entdeckt. Ganz rechts, neben der kühlen Sichtbetonwand, erkennen Sie ein weiteres Beispiel aus dem modernen Fassadenbau. Dort sorgt ein Edelstahlelement aus Streckmetall für diffuse Transparenz. Links vom Gartenhaus wurde mit demselben Ziel eine Gardine aus flexiblem Metallgewebe eingespannt. Die Metallsysteme sind in vielen Variationen erhältlich. So finden dann Rasenmäher & Co. auch einmal in einem wahrhaftigen Gartentresor ihren Platz – sind sie doch schließlich die heimlichen Schätze jeden Gärtners.

SCHRANK-WAND Auch in diesem Garten wurde das klassische Gartenhaus durch eine schrankähnliche Konstruktion ersetzt. Der Grundriss ist deutlich länger als tief und erstreckt sich über die gesamte Gartenbreite. Die Vorteile liegen auf der Hand: hohe Unterbringungskapazitäten, weniger Flächenverbrauch in die Tiefe des Grundstücks und ein homogener Gartenabschluss einschließlich einer geschmackvollen Sichtschutzfunktion. Gerade wenn Sie größere Sitzgruppen aus Lounge-Möbeln mögen, sollten Sie zur Wintereinlagerung der üppigen Polster nicht mit Lagerplatz geizen. Achten Sie dann auch auf eine gute Belüftung, damit kein Schimmel die Polster schädigt. Luftaustausch funktioniert nur bei mehreren Öffnungen richtig. Diese sollten sich, oben und unten angeordnet, möglichst gegenüberliegen. Davor befestigte Fliegengitter halten Insekten und Kleintiere ab.

Das Design des Gartenschranks ist modern sachlich aus klassischem Holz. Den filigranen Lamelleneffekt erzeugen hier schmale Latten im Rechteckprofil, die als Verblendung in kleinen Abständen auf die Unterkonstruktion geschraubt wurden. Der Schrankaufbau besteht aus stabilen Konstruktionstafeln mit einer schwarzen Kunststoffbeschichtung. Erst der dunkle Hintergrund verleiht den Lamellen ihre leichte und transparente Optik. Da die Latten hier ein reines Gestaltungselement sind, ist an den senkrechten und gut hinterlüfteten Wänden ein hartes Tropenholz nicht zwingend notwendig. Hier können Sie bedenkenlos heimische Hölzer aus nachhaltiger Waldwirtschaft einsetzen. Douglasie wäre eine vernünftige Entscheidung.

Fotografie aeronautec Segeldesign aeronautec GmbH (Deutschland) Garten Seeon (Deutschland)

EINFACH WEGSEGELN Unerwünschte Blicke kommen auch von oben. Um großflächige Zonen mit ungestörter Atmosphäre auszustatten, bieten sich textile Lösungen aus weit spannbaren Segeln an. Allerdings reicht dafür das einfache Baumwolltuch, das nach dem Regen im Wind flatternd wieder trocknet, nicht mehr aus. Hier ist ein präzise gefertigtes Gewebe aus der textilen Architektur gefordert, wie es auf diesem Bild zu sehen ist. Das Segel hier beschützt einen größeren Poolbereich nahe dem Nachbarhaus.

Damit Segel eine Fläche dieser Größe dauerhaft weiß und glatt überspannen, sind bei der Planung zwei Qualitätskriterien maßgeblich: die Gewebestruktur und die Montagetechnik. Eine gut geplante Befestigung berücksichtigt die Statik von Tuch und Träger, die Wasserablaufrichtung und – soweit es geht – auch den Schattenwurf. Die Montagebasis stellen an Wänden Befestigungspunkte her, die mit hochstabilen Klebeankern installiert werden. In speziellen Fällen wie der hier abgebildeten Gabionenwand werden Sonderanfertigungen notwendig. Die Spannelemente zwischen Fixierung und Gewebe sollten immer leicht bedienbar sein. Alle Metallteile sollten daher aus hochwertigen Materialien bestehen, wie dem hier verwendeten glasperlengestrahlten Edelstahl.

Um Windlasten bis Windstärke 6 zu tragen, wurden bei diesem Segel hohe Zugkräfte eingeplant. Hochwertige Gewebeprodukte kombinieren die gesammelten Erfahrungen des traditionellen Segelmacherhandwerks mit neu entwickelten Materialien. Qualitätsgewebe werden heute sogar aus besonders schmutzabweisenden Materialien wie beschichtetem PTFE hergestellt, die einen Teil der Strahlungswärme reflektieren und deren Lichtdurchlässigkeit je nach Wunsch von 25 % bis zu 50 % rangiert. Optimale Krafteinflüsse gewährleisten die Tuch-Meister unter anderem auch durch spezielle Verstärkungen im Gewebe. Der entspannte Badegenuss ist dann bei (fast) jedem Wetter möglich.

CHECKLISTE FÜR DEN KAUF EINES SONNENSEGELS

Folgende Punkte helfen Ihnen beim Qualitätsvergleich:

Befestigung: Variationsbreite der Befestigungsteile, Befestigungstechnik, Masten, Handhabung des Spannsystems, Güte der Materialien

Sonnensegel: UV- und Witterungsbeständigkeit, Farbechtheit, Lichtdurchlässigkeit, Wärmeabstrahlung, Feuchtigkeitsaufnahme, Leichtigkeit, Verarbeitung der Nähte und Umfang der Verstärkungen an den Anschlüssen, zulässige Maximalwindstärke, Gesamtlebensdauer in Jahren

MINI-SCHWINGE

Dieser Blickschutz nach oben eignet sich für kleinere Gartensituationen, in denen die typische Segelverspannung problematisch ist. Durch seine Flügelform bietet das Segel eine breitschwingende Alternative zu anderen Schirmen. Die Verschnürung des Segeltuchs erlaubt die Zusammenlegung der gesamten Konstruktion auf kleine Packmaße. Diese ungewöhnliche Befestigung wirkt auf den ersten Blick vielleicht gewöhnungsbedürftig, funktioniert aber recht einfach: Nachdem das Spannseil zu Beginn an einer Anfangsöse eingehakt wurde, wird es im Wechsel durch die Segelöse und um den Aluminiumrahmen geführt. An der Abschlussöse wird das Seil um den Rahmen geschlungen, an einem Schnellverschluss eingehakt und gespannt. Soll das Segel nicht temporär, sondern windböenfest aufgestellt werden, erfolgt die Befestigung auf einer zuvor einzubauenden Bodenplatte.

Ein sehr schönes Detail sind die kissenförmig geschnittenen Buchsbaumhecken (*Buxus microphylla* 'Faulkner'), die bewusst die gebogene Dachform des Segels nachahmen. Wenn Sie genauer hinsehen, erkennen Sie die orangefarbenen Polster auf den Liegestühlen. Sie sind Teil einer umfassenden Design-Farbenlinie im Garten, die verschiedene Gegenstände wie das Segel und diverse Gartenmöbel zusammenbringt. Gelungen kombiniert sind auch die Möbelmaterialien auf der Holzterrasse. Sie vereinen das ländlich rustikale Flair unbehandelten Holzes mit der maritimen Leichtmetallkonstruktion des Segels.

Fotografie Philippe Perdereau Gartendesign Arie van Dorp (Frankreich) Garten Burgund (Frankreich)

Fotografie Helmut Reinelt　Gartendesign Willi Reynders (Belgien)　Garten Houtelande (Belgien)

UNTER HOCHSPANNUNG Wie ein Floß am Seeufer liegt dieses Sonnendeck mit Sichtschutz zum Nachbargarten direkt am Rande des großzügigen Swimmingpools. Als freistehende Struktur werden Sonnensegel immer mit einer ausgewogenen Anzahl von jeweils sich gegenüberliegenden Hoch- und Tiefpunkten konzipiert. Durch die unterschiedlichen Höhen entsteht eine Sattelfläche, die mittels einer entsprechenden Verspannung in Form gehalten wird. Das Sonnensegel hier ist ein Vier-Punkt-Segel. Es besteht aus zwei abgespannten Edelstahlmasten als Hochpunkte und verfügt über zwei direkte Abspannungen als Tiefpunkte. Die tief heruntergezogenen Dachflächen vermitteln eine angenehme Schutzwirkung auf der offenen Rasenfläche des Gartens. Der Pool ist ein flaches Überlaufbecken, das durch diese Bauweise einen besonders hohen Wasserspiegel aufweist, der bündig mit dem Geländeniveau abschließt.

Das Holzdeck unter dem Segel wie auch die anschließende Holzterrasse wurden aus Hartholz gebaut. Zur Klassifizierung der Haltbarkeit von Hölzern für den Außenbereich wird Holz in fünf Dauerhaftigkeitsklassen unterteilt. Für den Bau stark belasteter Außenflächen mit hoher Maßhaltigkeit wie Terrassen an Swimmingpool-Rändern sind verwindungssteife Hölzer von langer Haltbarkeit zu empfehlen. Dazu gehören verschiedene Qualitäts-Tropenhölzer, aber auch heimische Produkte. Eine Alternative dazu kann Thermoholz sein, das durch einen Erhitzungsprozess eine höhere Haltbarkeit entwickelt. Im Bedarfsfall sollten Sie sich zur Nutzung dieses speziellen Holzes von erfahrenen Holzfachleuten beraten lassen.

ZUSCHAUER-MAGNET Es gibt Situationen, da muss ein Gartengenießer tatsächlich ein wenig vor seinen eigenen Blicken „geschützt" werden. Das ist der Fall, wenn sich dem Blick aus dem Wohnraum zwar ein freundliches Gartenambiente bietet, daneben aber auch eine unattraktive Umgebung. Abhilfe kann hier eine gezielte Ablenkung schaffen. Um den Blick des Betrachters aber wirklich erfolgreich auf ein Ziel zu lenken, sind überzeugende Lösungen erforderlich. Eine Wasserwand wie die hier gezeigte sollte diese Forderung erfüllen können. Sie glitzert ästhetisch und bietet ein lebendiges Bild mit interessanter Fernwirkung. Bei näherer Betrachtung zeigt sich dann, dass die von unten angestrahlte Wasserwand aus einer Vielzahl reflektierender Edelstahlplatten besteht, die in Längsreihe angeordnet wurden. Wie Dachschindeln stapeln sie sich übereinander. Ihre Vorderkanten wurden computergesteuert mit einem Laser in unregelmäßigem Verlauf gewellt und gezäht. Damit das Wasser nun auf ganzer Breite gleichmäßig über die unregelmäßigen Stufungen rieseln kann, sammelt es sich zuvor auf der Rückseite oben in einem Metallkasten, aus dem es dann überall in gleicher Menge über die Oberkante strömt. In einem Auffangbehälter wird das Wasser unten erneut gesammelt und anschließend wieder nach oben gepumpt, wo es seine prickelige Vorstellung neu startet. Soviel feine Detailschönheit animiert den Betrachter sicher immer wieder neu, die funkelnden Glanz-Kaskaden in aller Ruhe vom Wohnraum aus zu bewundern, oder sie, wie von einer geheimnisvollen Kraft angezogen, auch aus der Nähe betrachten zu wollen.

Fotografie Marianne Majerus Gartendesign Randle Siddeley (England) Garten Privatgarten, London (England)

FREI-STEEL In eingewachsenen Gärten ist es oftmals eine Herausforderung, Raum für neue Nutzungen zu schaffen. Insbesondere wertvolle Sträucher in den Randbereichen und prächtig geformte Bäume sollen ja möglichst erhalten bleiben. Die Lösung der Aufgabe erfordert einen respektvollen Abstand von den Gehölzen und deren Wurzelbereich. Tiefere Grabungen müssen vermieden werden. Sofern dort ein neuer Aufenthaltsbereich mit Sichtschutzelementen geplant wird, haben diese mit möglichst kleinen Fundamenten auszukommen. Die hier aufgestellten Rahmen aus rotbraun patiniertem Cor-Ten-Stahl lösen die Aufgabe mit verblüffender Leichtigkeit. Abgerückt von den Gehölzen bilden sie eine wie von lockerer Hand geführte Achse, deren Gesamtlänge vor Ort frei angepasst werden kann. Auf schmalen Punktfundamenten sind sie fixiert, ohne den Wurzelraum der Gehölze stark zu stören. Aus einer rechtwinkligen Richtung schauend, lässt ihre lamellenartige Anordnung die Blickverbindung zur dahinterliegenden Pflanzenszenerie zu, schafft aber auf dem Splitt-Plätzchen sofort eine geschützte Atmosphäre, sobald sich der Betrachter etwas seitlich aus dieser Blickachse herausbewegt. Die großzügig dimensionierten Kalksteinplatten binden nicht in den durchwurzelten Boden ein. Sie fördern, als seien sie hier spontan platziert worden, die leichtfüßige Atmosphäre. Das Pflanzkonzept aus naturnahen Stauden wirkt ungezähmt und folgt doch einem geplanten Höhenrhythmus. Wie zufällig kommen die einzelnen Garten-Akteure hier zusammen. Jeder spielt schlicht ein paar Töne – und die Melodie klingt perfekt. Applaus.

DUSCHKABINE Badebereiche, die ein Stück vom Haus entfernt liegen, sollten immer eine Duschgelegenheit anbieten, um sich vor einem Bad zu reinigen oder an heißen Tagen eine Abkühlung zu genießen.

Die Sichtschutzwand wurde hier benötigt, um im Poolbereich mehr Privatheit zu schaffen. Die Kombination der Wand mit einer Dusche bot sich da an. Der eigentliche Duschbereich wird von einer aufsteigenden Wand umfasst, die mit elegantem Schwung die Verbindung zur Sichtschutzmauer findet. Mit einem weiteren leichten Schwung der Maueroberkante läuft die Mauer zum Kopfende weiter. Fast fällt es nicht auf, aber es ist von großem Gewicht: Gemeint ist der kleine Fensterausschnitt in der Wand, der sofort eine Verbindung zum weitläufigen Areal des Gartens aufbaut. Ein weiteres sehr gelungenes Gestaltungsdetail ist der Wandabschluss am Kopfende mittels kräftiger, sorgfältig verfugter Natursteinquader. Dieses Element zitiert die historische, typische Bauweise der Region und verhindert, dass die Wand als Fremdkörper im Garten empfunden wird.

Der Swimmingpool wurde als Überlaufbecken konzipiert, bei dem der Wasserspiegel mit der Beckenoberkante abschließt. Damit das Wasser überall gleichmäßig über den Rand in eine dahinterliegende Auffangrinne fließen kann, ist beim Bau des Beckens eine hohe Maßgenauigkeit gefordert. Da bei Wellenschlag das Wasser in großer Menge über den Rand drängt, benötigen Überlaufbecken immer einen zusätzlichen Schwallbehälter als Ausgleich, um die Verlustmenge schnell wieder nachzuspeisen.

Fotografie Marianne Majerus Gartendesign del Buono Gazerwitz Landscape Architecture (England) Garten Privatgarten, London (England)

SITZPLATZ-WAHL In vielen Gartensituationen könnten Sichtschutzelemente recht einfach mit einer zusätzlichen Sitzgelegenheit nützlich kombiniert werden, da die typische Rückenlehne ja im Prinzip bereits vorhanden ist. In diesem Garten wurde der Sitzbereich klug aus der Terrassengestaltung heraus entwickelt. Der dort eingesetzte Plattenbelag aus hellem Travertin wurde für die Bank bis an die vorhandene Ziegelmauer verlängert und als Rückenteil hochgezogen. Aus Blocksteinen entstanden die Banksockel und auch die Sitzauflage. Sehr elegant wirkt die Bank durch ihre relativ flache Sitzhöhe, was zugegebenermaßen für den Alltag nicht die praktischste aller Lösungen ist. Achten Sie aber auf dieses gekonnte Detail: Die Rückwand erstreckt sich deutlich länger, als die Sitzbank es erfordern würde. Dadurch werden die an Armlehnen erinnernden Buchsbaumkörper in den Bankbereich hineingeholt. Die nebeneinanderliegenden Bereiche beginnen sich plötzlich zu verbinden.

Doch jetzt zur Gestaltung Ihres neuen Sitzbereichs. Das wichtigste Sitzplatzkriterium, die geschützte Lage, stellt schon die Sichtschutzwand. Dazu sollte von dem Platz aus auch ein lohnender Ausblick zu genießen sein. Wo das in Ihrem Garten ginge? Nun, entlang des Gartenweges mit Blick aufs Haus, hinter dem Teich, drüben in der Abendsonne zwischen sechs und sieben, neben der umrankten Lieblingsskulptur, im Schutz der schönsten aller Magnolien im April, am geplanten Wandbrunnen oder auch, wie oben, einfach an der Hauptterrasse. Dort böten sich eigentlich gute Gelegenheiten und schon wäre Ihr Garten um eine kleine Attraktion reicher. Sie können jetzt abstimmen.

TÜREN, TORE, TOPIARY Ein Aspekt, der in diesem Zusammenhang seltener ein Thema ist, sind die Gartenzugänge im Sichtschutz. Meist werden dort nur pragmatische Türen eingeplant. Doch mehr wäre möglich. Bei den Zugängen gibt es zwei Gruppen: erstens die wirklichen Zugänge, die etwa zu einem draußen liegenden Fußweg oder auf eine angrenzende Wiese führen. Zweitens gibt es das reine Gestaltungselement „Gartentor", das ähnlich den bereits vorgestellten Heckenfenstern, Mauerlücken und Spiegelflächen einen Betrachter nur ein „Dahinter" – ein „Beyond", wie es der Angelsachse sagen würde – erahnen lässt.

Doch gleichgültig, ob es hinter dem Horizont nun wirklich weitergeht oder nur in der eigenen Fantasie, je eindrücklicher und überzeugender ein solcher Gartenausgang gestaltet wird, desto stärker wird er die Gedanken schweifen lassen und zum überzeugenden Hingucker erwachsen.

Ich habe dieses Bild für Sie ausgewählt, weil es nicht nur ein sehr schön kunstvolles Gartentor aus Bronze zeigt, sondern auch seine geschmackvolle Einbindung. Die Materialien sind nicht spektakulär, aber – und das ist die hohe Schule – sie harmonieren vorbildlich mit der Umgebung.

Zum kultivierten Ambiente tragen auch die flankierenden Buchsbaumkappen bei. Frisch geschnitten in gleichmäßige Rundungen gebracht, veranschaulichen sie das Qualitätsniveau des modernen Topiary: eine gärtnerische Präzisionskunst, die ihre Balance findet zwischen den handwerklichen Regeln des klassischen Formenschnitts und den Freiheiten einer kreativen Formenfindung.

Fotografie Philippe Perdereau   Gartendesign Guido Spruyt (Belgien)

Fotografie Modeste Herwig Garten De Keukenhof (Niederlande)

VORHANG AUF! Eine recht unkonventionelle Interpretation des Raumteilers erwartet Sie in diesem Garten. Wie ein großer Vorhang gliedert diese Struktur zwei Gartenbereiche. Sie könnte auch am Grundstücksrand auf einen interessanten Fernblick hinweisen. Die Abtrennung ist entweder in der Form eines zugezogenen Vorhanges einsetzbar oder in einer halb zurückgezogenen Variante, die auf den dahinterliegenden Bereich neugierig macht. Die innovativere Ausstrahlung böte wohl der leicht zurückgeschobene Vorhang.

Knapp über dem Kiesbelag wurde das Textil durch ein zusätzlich gespanntes Seil fixiert. Hieran ist zu erkennen, dass ein solcher Vorhang nicht die passende Antwort wäre, wenn eine tatsächlich verschiebbare Lösung gesucht würde. Und Achtung: Sollte die Struktur nicht am Gartenrand, sondern in einem Durchgangsbereich platziert werden, ist hier noch die Stolpergefahr zu klären. Die Ausführungsplanung einer solchen Idee erforderte auch die Berechnung der maximalen Windlasten bei Sturm. Das verwendete Material ist eine textilbeschichtete Plane mit einer schmutzabweisenden Oberflächenstruktur. Es werden jedoch auch unterschiedlichste transluzent gewebte Textilien angeboten. Eine besonders exklusive Wirkung erzielen metallene Produkte, wie geschmeidig fließende Ringgewebe aus Edelstahl von etwa 7 mm Durchmesser oder Schuppengeflechte aus Aluminium. Solche Vorhanglösungen bieten dann selbstverständlich auch die beste Grundlage für eine effektvolle Illuminierung. So gestaltet, dürfte Ihre Gartenbühne eine wirklich nicht alltägliche Kulisse erhalten.

HEISSER OFEN Die gute alte Feuerstelle kommt wieder. Seit einiger Zeit gewinnt das Element Feuer auch im modernen Garten an Aufmerksamkeit und findet seine entflammte Anhängerschaft. Das wundert kaum, denn Feuer war, ist und bleibt ein ganz besonderes Faszinosum für den Menschen. Schließlich bezeichneten schon die griechischen Philosophen Feuer, Wasser, Luft und Erde als die vier Grundelemente allen Seins.

Doch auch rein gestalterisch betrachtet hat das Element Feuer modernen Wohngärten viel zu bieten. Das sind die drei wichtigsten Argumente:

FEUER IST SCHÖN Ein prächtiges Farbenspiel sondergleichen bieten Flammen, egal ob sie hell lodern, nur versteckt züngeln oder ob sie schlussendlich wieder in ihrer Glut verglimmen. Das warme Licht legt sich über seine Umgebung und verwandelt jeden Garten für eine Zeit in einen Traum aus Orange und Gold.

FEUER UNTERHÄLT Ob Ihr persönliches Lieblingsfeuer für klassische Lagerfeuerromantik steht, vor allem den großen Familiengrill so richtig auf Touren bringen soll oder ob es einem edlen Designbrenner entspringt – Feuer fasziniert und regt an. Es bringt die Menschen zusammen, regt sie zu Gesprächen an und macht dann aber auch wieder leise und nachdenklich. Doch nie ist Feuer langweilig.

FEUER WÄRMT Moderne Gartenkultur heißt, draußen das Leben und die Natur genießen. Schon der Begriff des Wohngartens verdeutlicht, dass der Freizeitwert des Gartens zunimmt und damit auch die Verweildauer in ihm. Eine leicht zu bedienende Feuerstelle ermöglicht es, einen kühlen Abend im Sommer länger zu genießen – aber auch im Frühjahr und im Herbst. Es soll sogar schon Schneepartys am glühenden Kamin gegeben haben …

Der hier zu besichtigende Außenkamin an einer Gartenmauer zeigt das Potenzial von Feuerstellen für die moderne Gartengestaltung. Bei kreativer Planung sind Kamine immer auch architektonisches Objekt, Skulptur und Sockel für dekorative Zwecke. Interessant ist bei diesem Beispiel, wie die Mauerstruktur ebenfalls den Sitzbereich definiert und so auch hier das individuelle Einzelelement zu einer verbindenden Gestaltung beiträgt.

Feuerelemente können heute der klassisch knisternde, prasselnde und funkenstiebende Holzkamin mit angeschlossener Grillstation sein oder ein recht pflegeleichter Brenner auf der Basis von flüssigem Bio-Ethanol, nahezu geruchsfrei und ohne Aschesorgen.

Das uralte Feuer brennt also weiter und hat auch im modernen Wohngarten alle Chancen auf seinen Platz als ästhetisches Grundelement.

Fotografie Steven Gunther   Garten Privatgarten, Studio-City (USA)

Fotografie Jürgen Becker Gartendesign Manuel Sauer (Deutschland) Garten Privatgarten, Hünxe (Deutschland)

FÜR LETZTE KAMINGESPRÄCHE Sichtschutzsituationen, die direkt an eine Terrasse anschließen, können den Sitzbereich ungünstig beeinflussen, wenn das Element sehr hoch ist. Doch anders sieht es aus, sobald die Gestaltung den dichten Wandcharakter des Sichtschutzes als Chance nutzt. Die 2,50 Meter hohe Eibenhecke (Taxus baccata) befindet sich hier an einem Terrassenabschluss, der einen hohen Blick- und Windschutz erforderte. Um den windgeschützten Bereich möglichst lange zu genießen, wurde der Sitzplatz als wärmende Feuerstelle konzipiert. Das rußfreie Feuer spenden drei Edelstahlbrenner, die mit flüssigem Bio-Ethanol betankt werden. Ein Korpus aus anthrazitfarbenen Faserbetonplatten nimmt die Brenner auf. Die mit großformatiger Bergischer Grauwacke verblendete Rückwand schützt die Hecke vor der Flammenhitze. Das symmetrische Fugenbild dort entspricht der exakten Linienverlängerung im Bodenbelag. Die Einlegearbeit aus unsichtbar verschraubtem Cumaru-holz markiert wie ein Teppich den Bereich der eleganten Lounge. Mit ihrer Schirmform bietet die seitlich in die Terrasse gepflanzte Felsenbirne (Amelanchier lamarckii) wandernden Schatten zur Mittagszeit. Hier trifft sich die Familie oft noch bis in den Frühherbst hinein, um dort ein allerletztes Mal für diese Gartensaison gemütlich zu plaudern.

Auch das Ideenbuch kommt an dieser Stelle zu seinem Abschluss und ich verabschiede mich hier von Ihnen. Ich hoffe, Sie fanden neue Inspirationen, und wünsche Ihnen für die Gestaltung Ihres eigenen Gartenparadieses eine glückliche Hand – und dann den perfekten Naturgenuss in Ihrem neuen Außenwohnraum.

INDEX

A
Acer campestre 12, 35
Acer palmatum 106
Achillea filipendulina 45
Achnatherum calamagrostis 101
Acrylglas 90, 94, 97, 105
Actinidia chinensis 97
Aesculus hippocastanum 12
Allium 45, 46
Amberbaum 12
Amelanchier lamarckii 163
Apfel-Rose 53

B
Ball-Hortensie 109
Bambus 16, 24, 32, 81, 125, 126
Bergische Grauwacke 163
Beton 28, 77
Betonstele 28
Blau-Schwingel 101
Blaustrahlhafer 101
Blumen-Esche 35
Blut-Buche 11
Buche 11, 12
Buchenhecke 11, 41
Buchsbaum 20, 35, *61*, 134
Buxus microphylla 'Faulkner' 144

C
Calamagrostis × acutiflora 'Karl Foerster' 12, 57
Carex morowii 'Variegata' 94
Carpinus betulus 12, 28, 31
Chinaschilf 12, 23, 42
Chinesische Birne 12
Chinesischer Strahlengriffel 97
Clematis armandii 19
Cor-Ten-Stahl 45, 115, 151
Cumaruholz 54, 73, 163

D
Deschampsia cespitosa 'Goldschleier' 24
Douglasie 140

E
Edelstahl 16, 24, 81, 102, 130, 133, 134, 143, 159
Ehrenpreis 53
Eibe 11, 15, 20, 61, 163
Eiche 54, 89
Einscheibensicherheitsglas 93, 110

F
Fächer-Ahorn 106
Fagus sylvatica 11, 12, 41, 109
Fagus sylvatica 'Dawyck Purple' 109
Fagus sylvatica purpurea 11
Fargesia murielae 32, 81, 125, 126
Feld-Ahorn 12, 35
Felsenbirne 163
Festuca cinerea 101
Festuca mairei 58
Fraxinus ornus 'Meczek' 35

G
Gabione 77
Glanzmispel 35
Großes Lampenputzergras 24

H
Hainbuche 12, 28, 31
Hakonechloa macra 45
Heiligenkraut 101
Helictotrichon sempervirens 101
Hemerocallis 45
Heuchera 46
Hibanobambusa tranquillans 32
Hyazinthe 20
Hydrangea arborescens 'Annabelle' 109

I
Ilex aquifolium 35
Ilex crenata 69
Immergrüne Geißschlinge 19
Immergrüne Waldrebe 19
Indocalamus tesselatus 16
Ipé 54

J
Japan-Berggras 45
Japan-Stechpalme 69
Jerusalem Stone 73
Juniperus pfitzeriana 'Aurea' 73

K
Kalkstein 36, 73
Kiefer 66
Kies 36, 41, 86
Kirschlorbeer 20
Kletterpflanze 19, 65
Klinker 125

L
Lampenputzergras 24, 70
Lavendel 73
Liguster 35
Ligustrum delavayanum 35
Lindenspalier 12
Liquidambar styraciflua 'Worplesdon' 12
Lonicera henryi 19

M
Magnolia grandiflora 'Galissonière' 58
Magnolie 58
Mahagoni 41
Mattglas 24, 110

INDEX

Mauerpfeffer 101
Mentha aquatica 105
Minze 105
Miscanthus giganteus 'Aksel Olsen' 23
Miscanthus sinensis 42, 115
Molinia caerulea 78, 94

N
Naturstein 36, 49, 62, 125, 129
Nymhea alba 133

P
Padouk 57
Palmlilie 86
Pennisetum alopecuroides 'Compressum' 24
Pennisetum alopecuroides 'Hameln' 70
Pergola 49
Pfeifengras 78, 94
Pfeilkraut 105
Pfitzer-Wacholder 73
Pflanzkübel 19, 32, 54
Photinia fraseri 'Red Robin' 35
Phyllostachys aureosulcata 'Spectabilis' 16
Phyllostachys bissetii 32
Phyllostachys nigra 126
Platane 12, 35

Platanus acerifolia 12
Pleioblastus viridistriatus 'Vagans' 32
Purpurglöckchen 46
Purpur-Salbei 101
Pyrus calleryana 'Chanticlee' 12

R
Rankpflanze 19, 120
Rasen-Schmiele 24
Regenschirmbambus 126
Reitgras 12, 57
Riesen-Chinaschilf 23
Robinie 54
Rohrkolben 105, 133
Rosa rugosa 53
Rose 65
Rosmarinweide 94
Ross-Kastanie 12
Rot-Buche 11, 41
Rote Säulenbuche 109

S
Sagittaria sagittifolia 105
Salix rosmarinifolia 94
Salvia nemorosa 53
Salvia officinalis 'Purpurascens' 101
Santolina chamaecyparissus 101
Sasa masamuneana 'Aureostriata' 24

Schafgarbe 45
Schiefer 46, 62
Schilf 105
Schwarzer Bambus 126
Scirpus lacustris 133
Sedum spectabile 'African Pearl' 101
Seerose 133
See-Simse 133
Segel 119, 136, 143, 144, 147
Segge 94
Shibataea kumasaca 32
Sichtbeton 28, 93, 139
Silber-Ährengras 24, 101
Skimmia japonica 54
Skimmie 54
Sommer-Salbei 53
Sonnendeck 16, 73, 147
Spalierbaum 12, 116
Stechpalme 35, 69
Sternjasmin 19
Stipa calamagrostis 'Allgäu' 24
Strauchrose 27, 31

T
Taglilie 45
Taxus baccata 11, 163
Thermoholz 147

Thymian 73, 101
Thymus serphyllum 'Coccineus' 101
Tilia cordata 12
Topiary 27, 31, 156
Trachelospermum jasminoides 19
Travertin 155
Typha angustifolia 105, 133

U
Ulme 116
Ulmus 'Sapporo Autumn Gold' 116

V
Verbundsicherheitsglas 24, 93, 110
Veronica longifolia 53

W
Wandbrunnen 61, 133, 155
Wasserpflanze 133
Wasserspiel 122, 126, 129
Weinbergpfirsich 82
Winter-Linde 12

Y
Yucca filamentosa 86

Z
Ziegel 65, 82, 98
Ziergras 23, 24, 42, 115
Zierlauch 45, 46
Zwerg-Bambus 24

165

WICHTIGE HERSTELLER

SONNENSEGEL UND SONNENSCHIRME
AERONAUTEC GMBH   Gewerbering 7 | 83370 Seeon, Deutschland | T 0 86 24-89 19 90 | www.aeronautec.de
GLATZ AG   Neuhofstrasse 12 | 8500 Frauenfeld, Schweiz | T 00 41 52-7 23 66 00 | www.glatz.ch

TRANSLUZENTE MATERIALIEN
BOUWMAG GLASSTEINE   Otto-Hahn-Straße 12 | 52525 Heinsberg, Deutschland | T 0 24 52-15 62 14 | www.glasstein.de
COMPLEXMA CONCEPT & PARTNER   Santrigelstraße 2 | 81829 München, Deutschland | T 0 89-3 16 58 30 | www.complexma.de
EVONIK RÖHM GMBH   Kirschenallee | 64293 Darmstadt, Deutschland | T 0 61 51-18 01

HÖLZER
FERDI HOMBACH E. K.   Wisserhof 3 | 57537 Wissen/Sieg, Deutschland | T 0 27 42-60 26 | www.ferdi-hombach.de
KAY PANNIER GMBH   Gottbillstraße 38 | 54294 Trier, Deutschland | T 06 51-46 29 55 80 | www.kay-pannier.com
THERMOHOLZ DEUTSCHLAND   Elbestraße 47 | 82538 Geretsried, Deutschland | T 0 81 71-3 48 | www.thermoholz-deutschland.de

LEUCHTEN UND LICHTAUSSTATTER
LUMOTO   Thorsten Schmidt – Gartendesigner | Erlenkamp 12 a | 48159 Münster, Deutschland | T 02 51 | 70 37 66 74 | www.lumoto.de
BEGA LEUCHTEN   Hennenbusch | 58708 Menden, Deutschland | T 0 23 73-96 60 | www.bega.de
ERCO GMBH   Brockhauser Weg 80–82 | 58507 Lüdenscheid, Deutschland | T 0 23 51-55 10 | www.erco.com
STAUB DESIGNLIGHT AG   Unter Sagi 6 | 6362 Stansstad, Schweiz | T 00 41 41-6 19 20 30 | www.staub-designlight.ch
LUC – LICHTUNDCREATIVES   Fritz Döpper | Brucknerstraße 35 | 40721 Hilden, Deutschland | T 0 21 03-9 10 91 34 | www.lichtundcreatives.de

UND BEZUGSQUELLEN

NATURSTEINE
ANRÖCHTER DOLOMITSTEIN   Hubert Killing GmbH | Michaelisweg 13 | 59609 Anröchte-Berge, Deutschland | T 0 29 47-42 82 | www.hubert-killing.de
BALZ JURAMARMORBRÜCHE GMBH & CO.   Kappel 1 | 91788 Pappenheim, Deutschland | T 0 91 43-8 35 10 | www.max-balz.de
QUIRRENBACH NATURSTEIN GMBH   Eremitage 6 | 51789 Lindlar, Deutschland | T 0 22 66-4 74 60 | www.quirrenbach.de
STEINZEIT NATURSTEINE GMBH   Saime-Genc-Ring 5–7 | 53121 Bonn, Deutschland | T 02 28-55 98 80 | www.steinzeit.de

PFLANZEN
BAUMSCHULE LAPPEN   Herrenpfad 14 | 41334 Nettetal, Deutschland | T 0 21 57-81 80 | www.lappen.de
BAUMSCHULE BRUNS   Johann-Bruns-Allee 1 | 26160 Bad Zwischenahn, Deutschland | T 0 44 03-60 10 | www.bruns.de
WESTPHAL CLEMATIS   Peiner Hof 7 | 25497 Prisdorf, Deutschland | T 0 41 01-70 41 04 | www.clematis-westphal.de
STAUDENGÄRTNEREI GAISSMAYER GMBH & CO. KG   Jungviehweide 3 | 89257 Illertissen, Deutschland | T 0 73 03-72 58 | www.gaissmayer.de

METALLE
JORIS IDE NV   Hille 174 | 8750 Zwevezele, Belgien | T 00 32-51 61 28 71 | www.joriside.be
E. PFISTER & CIE AG   Bruelstrasse 4 | 8157 Dielsdorf, Schweiz | T 00 41 0 44-8 07 10 00 | www.metallpfister.ch

SICHTBETON- UND FASERBETONELEMENTE
EFECTO GMBH   Wiesenstraße 35 | 96450 Coburg, Deutschland | T 0 95 61-31 93 15 | www.efecto.de
BIRKENMEIER STEIN + DESIGN GMBH & CO. KG   Industriestraße 1 | 79206 Breisach, Deutschland | T 0 76 68-71 09 32 | www.@birkenmeier.de

IMPRESSUM

Der Autor, die Fotografen und der Verlag danken den Gartenbesitzern, Gartendesignern, Landschaftsarchitekten und Herstellern, die durch ihre freundliche Mithilfe und Unterstützung zum Gelingen dieses Buches beigetragen haben.

Für die unermüdlichen Bemühungen um die außerordentliche Qualität dieses Buches danken wir unseren Mitarbeitern Johanna Hänichen, Vanessa Peters, Justyna Krzyzanowska, Cindy Becker, Claudia Wester und Claudia Wilke.

Originalausgabe Becker Joest Volk Verlag
© 2011 Alle Rechte vorbehalten
3. Auflage April 2015

ISBN 978-3-938100-65-3

TEXT Manuel Sauer
FOTOS Jürgen Becker, Modeste Herwig, Marianne Majerus, Volker Michael, Philippe Perdereau, Helmut Reinelt
UMSCHLAG Vorne: *Foto* Jürgen Becker *Gartendesign* Filip van Damme (Belgien) *Garten* Crayon (Belgien) Hinten: *Foto* Jürgen Becker *Gartendesign* Otium (Belgien) *Garten* Privatgarten, Oostacker (Belgien)
TYPOGRAFISCHE GESTALTUNG, LAYOUT nach der Konzeption von Justyna Krzyzanowska, Makro Chroma Joest & Volk OHG, Werbeagentur
BILDBEARBEITUNG, LITHOGRAFIE, LEKTORAT Makro Chroma Joest & Volk OHG, Werbeagentur
DRUCK Firmengruppe Appl, aprinta druck GmbH